少年简读中国史

中国史

宋元

尤东进 翟禹 ◎ 著

南京大学出版社

目录

引言 4
宋元时期政权简表 6

【上编　辽宋夏金】

松漠之间：契丹崛起与建立辽朝 7
宋朝建立：陈桥兵变、黄袍加身 16
雍熙北伐与守内虚外 21
寇准与澶渊之盟 26
范仲淹与庆历新政 31

熙丰变法与元祐更化 36
宋徽宗与蔡京 43
泥马渡康王 49
隆兴北伐与开禧北伐 55
宋夏战争和宋夏和议 60
襄阳保卫战与崖山海战 65
留取丹心照汗青：状元宰相文天祥 71

【下编 元】

六合之内为一统:成吉思汗建立大蒙古国　76

雄才大略终成帝业的大汗:忽必烈　84

治天下的"工匠":耶律楚材　93

海都与乃颜之乱　99

皇室平民、乱世才子:赵孟頫　105

兄弟礼让还是实力较量:武仁授受　111

元朝四都　118

元代的科学家:任仁发、郭守敬与都实　126

宋元大事年表　134

引 言

　　宋元是中国历史上一个非常重要又独具特色的历史时期。这一时期起自公元960年宋太祖赵匡胤陈桥兵变、黄袍加身，直至公元1368年元顺帝妥懽帖睦尔带领蒙古皇室从大都城（今北京市）向北撤回草原大漠为止，前后延续了400年之久。宋朝建立之前，正是唐朝灭亡以后的乱世之秋，即五代十国时期，延续了半个世纪。

　　北宋建立以后，在中原地区实现了局部统一，但是并没有实现全国性的大一统。五代十国时期的907年，中国北方草原上就兴起了一个强大的由北方游牧民族契丹建立的政权——辽。辽自建立伊始就频频南下中原，成为中原诸政权的劲敌，但由于双方势均力敌，谁也无法消灭对方，因此无论是五代的后梁、后唐、后晋、后汉和后周，还是后来新兴的北宋，都只能和辽保持长期的对峙局面。如此持续到公元1125年，辽被东北兴起的女真族建立的金朝所灭，金朝取代辽朝逐渐占领中国北方大部分地区，继续成为与北宋对峙的政权。没过两年，公元1127年，金朝便灭亡了北宋。北宋宗室南渡长江，在江浙一带建立南宋，继续着宋朝的国祚。但是宋朝的国土已经大大缩小，偏安在江南一隅。金与南宋的关系亦如北宋与辽的关系，或战或和，最后双方将界限划在秦岭-淮河一线，维持了长期的对峙局面。

引 言

就在金建立以后向南发展占领中原淮河以北地区的时候,北方草原上又兴起了一个后来影响了欧亚大陆的小小部落——蒙古部。蒙古族的领袖成吉思汗于公元1206年在草原上建立大蒙古国,随后南下进攻金朝。经过将近三十年的努力,于公元1234年联合南宋,共同灭金,初步统一了中国北方地区。而后,大蒙古国在公元1271年加国号"大元",由此开始了元朝的历史。与此同时,元朝南下征宋,在公元1279年彻底灭掉南宋,实现了整个中国的大一统。

此外,在今甘肃、宁夏一带,公元1038年党项人建立了西夏政权,长期与辽、宋、金保持对峙,时战时和,后在公元1227年被大蒙古国灭掉,也是宋元时期的一个有着重要影响的地方政权。另外,还有西南地区的段氏大理政权和西藏地区的吐蕃诸政权。

总体来说,宋元时期的中国境内存在着多个政权,有辽、金、西夏、吐蕃、大理和两宋,最后由元朝实现了大一统。这个时代的最大特点就是各民族共同登上政治舞台,各族共同创造了这个时期中华民族的历史。自元朝统一以后,中国历史上再也没有出现过大的分裂局面,直到今天。

宋元时期,中国境内的政治发生了极大变革,产生了行省制,也就是今天"省"的前身;文化高度繁荣,产生了儒家文化的代表学派——理学,影响深远;社会发展上,商品经济发达,海外贸易繁荣,无论是海上丝绸之路还是陆上绿洲、草原丝绸之路都非常发达,与中亚、欧洲、北非等地都有着频繁地交流往来。总体来说,这个时代是多元文化高度融合的时期,既有汉文化与少数民族文化的交流互鉴,也有东方文化与欧亚各地文化的交流互鉴,展现出异彩纷呈的局面。各族人民共同创造了繁荣昌盛、生生不息的中华民族传统文化,影响至今。

宋元时期政权简表

政权名称		存续时间	都城
辽		907—1125	上京城(今内蒙古赤峰市巴林左旗上京城遗址);中京城(今内蒙古赤峰市宁城县中京城遗址);南京城(今北京市);东京城(今辽宁省辽阳市);西京城(今山西省大同市)
宋	北宋	960—1127	东京城(今河南省开封市)
	南宋	1127—1279	临安城(今浙江省杭州市)
西夏		1038—1227	兴庆府(今宁夏回族自治区银川市)
金		1115—1234	初定都上京会宁府(今黑龙江哈尔滨市阿城区白城子遗址),后迁都燕京(今北京市),再迁都南京(今河南省开封市)
蒙古帝国	大蒙古国	1206—1271	哈剌和林(今蒙古国前杭爱省鄂尔浑河谷哈剌和林城遗址)
	元	1271—1368	大都城(今北京市);上都城(今内蒙古锡林郭勒盟正蓝旗上都城遗址)

松漠之间：契丹崛起与建立辽朝

虽然我们这本书是"宋元卷"，但是读者朋友们可千万不要误以为这个时代只有"宋朝"和"元朝"两个政权。这个时代的时间跨度达三百多年，从唐朝灭亡的那一年907年开始，一直到南宋被元朝灭亡的1279年，在这期间中国大地上或者先后，或者同时，存在着大大小小数得上的政权，不下十几个。我们在政权简表中作了罗列，大家可以查看。只不过因为这一时期最为重要的两个王朝是宋和元，前者是这一时期政治、社会、经济和文化发展的集大成者，后者是多元民族大融合、实现全国大一统的王朝，具有最典型的代表性。

契丹起源

宋朝是在公元960年才正式建立，那么我们为什么从907年开始讲述这段时期的历史呢？因为北宋是在取代五代最后一个政权——后周的基础之上建立的。公元907年，朱温废掉唐朝最后一个皇帝昭宣帝，自己当了皇帝，定立国号"大梁"（史称"后梁"），唐朝至此灭亡。与此同时，在遥远的北方草原上，也有一个强大的政权在这一年建立，它的建立者不是汉人，而是雄踞在北方草原上

辽中京大明塔

中京大定府作为辽五京之一,是澶渊之盟订立后,圣宗与萧太后决定在奚族故地上营建的一座都城,见证了辽的繁盛。

的一个游牧民族——契丹。

虽然契丹族在唐朝末年才建立自己的国家,但是作为一个族群,根据现有的文献记载可知,他们其实早在北魏时期就生活在"松漠之间",也就是今天内蒙古赤峰市、通辽市和河北省北部一带。"松漠"指的是两种景观,一个是平地松林,一个是草原荒漠。他们原本属于宇文鲜卑的后裔,与另一个叫作库莫奚的部族共同生活在这一带。

在契丹人的记忆中,他们坚定地认为自己的先祖是一位骑着白马的神人和一位驾着青牛车的天女。成书于元朝时期的《辽史》后来位列二十四史之一。在这部文献中记载了"青牛白马"的传说:

相传在很久以前,曾经有一位骑着白马的"神人"自马盂山沿着土河(今内蒙古赤峰市老哈河)向东行走,有一位驾着青牛车的天女,从平地松林沿着潢河(今赤峰市西拉木伦河)向南行走,他们相遇在这两条河水汇流的地方,这里叫作"木叶山"(在今赤峰市境内,但具体地点不详)。自此他们在这里一见钟情,结为夫妻。后来二人孕育了八个孩子。孩子们长大以后,家族逐渐兴盛,人口众多,于是分为八个部落,这就是契丹人在建立国家以前的八个部落。契丹人认为自己就是骑乘白马的神人(男性天神)和驾着青牛车的天女所繁衍的后裔。

契丹人建立了自己的国家以后,为了纪念祖先,他们在自己的祖源圣地——木叶山上修建了始祖庙,庙里供奉了白马天神、青牛天女及其八子神像,辽朝的皇帝都要去祭祀,成为辽朝的一件国家大事,所谓"国家大事,在祀与戎"。因此,辽朝统治者不仅在平时进行祭祀，每次行军打仗出征之前，都会用青牛、白马作为祭品，以此来表示自己没有忘记祖先，没有忘记自己的根本。

引人入胜的传说固然美丽，让人浮想联翩，但不能完全代替史实。真正的事实是，契丹人在早期的发展阶段逐渐形成了八个部落，并形成部落联盟，先后经历大贺氏、遥辇氏两个部落联盟阶段，部落联盟推选可汗，作为部落联盟首领。但在遥辇氏世代作为可汗的后期，迭剌部首领逐渐掌握了契丹部落联盟的大权，把遥辇氏的可汗当成了傀儡。

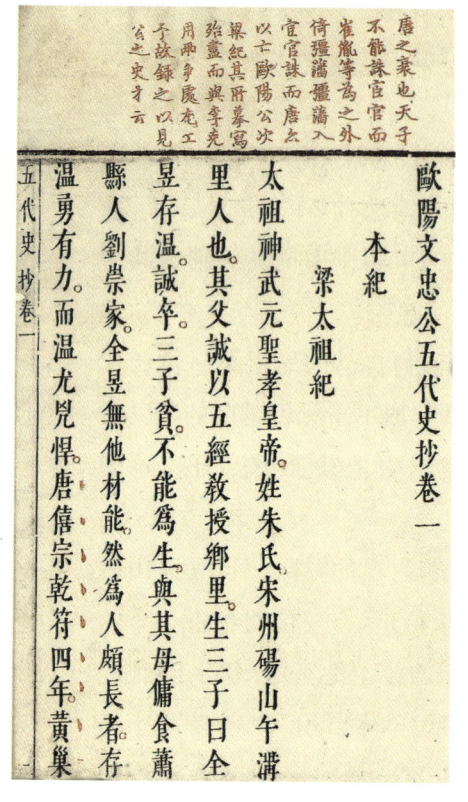

《五代史抄》书影
原本现藏于普林斯顿大学图书馆

阿保机夺权

雄才大略的耶律阿保机，成长起来以后成为迭剌部的首领，他掌握着契丹部落联盟的军政大权，可汗被彻底架空。终于，在906年底，契丹可汗痕德堇去世，于是耶律阿保机在公元907年正月继承可汗大位，开始执掌契丹大权。《辽史》《旧五代史》等古籍中都称耶律阿保机在907年正月登上的是皇帝宝座，但其实这是后人对当时历史事件的追溯。当时耶律阿保机登上的位子实际上是"可汗"，而不是皇帝。不过，北方民族所建立的政权首领,其实际地位与中原王朝的皇帝是一样的,所以从这个角度来说,"可汗"和"皇帝"也没有太大区别。《旧五代史》里面还说,当时契丹百姓都管耶律阿保机叫作"天皇王",这是个很有意思的名称。契丹人长期与中原王朝打交道,先后与北魏、隋、唐等频繁交往,尤其是唐朝还曾经册封契丹首领为"郡王",还有"契丹王"的称呼,于是契丹首领耶律阿保机在即位以后,就把中原统治者"皇帝"和给自己受封的"郡王"称号结合起来,起了这么个名字。不管耶律阿保机给自己起了什么名字,"可汗"也好,"皇帝"也罢,抑或"天皇王",他的即位标志着契丹政权正式建立,只不过这个时候"契丹国"还没有"大辽"国号,所以只能叫作契丹政权或者契丹国。

契丹贵族们的建国历史经历了一个长时间的复杂过程,除了上面所说的耶律阿保机先登上可汗的宝座以外,以他为代表的这一帮契丹贵族们还要克服成功路上的一系列障碍险阻,同时还要制定一系列政治、经济、文化等多方面的制度,而且这个过程不是一代人就能完成的。

耶律阿保机即位之后遇到了一个颇为棘手的问题,那就是他的弟弟们谋反。在耶律阿保机成为可汗、建立契丹政权之前,契丹部落联盟的首领们实行"世选制",也就是说很多贵族子弟都有资格成为契丹部落联盟的可汗,三年一任,到了任期就要组织"选举",有才能有本领的子弟均可以成为候选人。耶律阿保机是907年成为可汗,按理说到了第三年即910年就应该再选举一次了。如果他的威望和口碑很好,完全可以经过大家的选举而继续连任。但耶律阿保机并没有组织选举,而是继续在可汗的位置上不下来,这就惹怒了其他人。于是在公元911年，他的二弟剌葛纠集了三弟迭剌、四弟寅底石、五弟安端发动叛乱，企图推翻耶律阿保机的统治，把他从可汗的位置上拉下来。

因为资料缺乏，我们现在对这场叛乱的详细过程不得而知，只保留了一些零散信息，可以窥知一二。这场叛乱持续了三年多，其中在公元913年的三月，迭剌假装声称要进入耶律阿保机的行宫觐见，被耶律阿保机识破，剌葛带兵闯进行宫大肆烧杀。幸亏耶律阿保机的妻子述律氏派遣大将蜀古鲁率领士兵及时赶来，把唐朝皇帝赐给契丹可汗的仪仗"旗鼓"保住。这个"旗鼓"很重要，是唐朝初年皇帝赐给契丹部落首领的仪仗，象征着契丹首领对整个部落联盟的权力。其他细节目前还不得而知，总之最终结果是他的弟弟们失败了。

其实，这几个弟弟之所以敢于挑战大哥，是因为他们有后台，也就是耶律阿保机的族叔耶律辖底和辖底的儿子迭里特。叛乱失败以后，耶律阿保机没有把他们全部处死，而是只把后台辖底、迭里特父子处以极刑，其他几个弟弟都予以赦免。但是二弟剌葛却依然不老实，偷偷逃窜到晋王李存勖那里，不久又转而跑到后梁。这种反复无常、到处逃窜的谋反分子，注定没有好下场。公元923年，他最终在唐庄宗时期，以"畔（同"叛"）兄弃母，负恩背国"的罪名被李存勖杀死。

建立政权

解决了棘手的叛乱问题以后，耶律阿保机的权力和地位进一步提高。随后他接受汉人的意见，在916年建立年号"神册"，并自称"大圣大明天皇帝"，慢慢地完善了他的国家政权所具备的各种

辽上京遗址　上京临潢府位于今内蒙古赤峰市巴林左旗,是耶律阿保机建立契丹政权以后最早建立的"皇都"。

要素,使得原本是一个部落联盟组成的游牧政权越来越像中原王朝。他还在契丹人活动的中心地带建立了新城,作为"皇都",也就是后来的上京城。这座城位于今天内蒙古自治区赤峰市巴林左旗林东镇,目前这座古城在地表上的遗址仍然很清晰,考古学家还在陆续地对这座城址开展考古勘探和发掘工作。算算时间,耶律阿保机从即位可汗到平叛、建年号、建都城和明确称帝,差不多用了十年时间,殊为不易!

随后,耶律阿保机又用了十年的时间东征西讨,平定了许多部落,还与中原的后梁、后唐保持交往,在他生命的最后几年,用尽全力灭掉了东北地区的靺鞨人建立的渤海国,结果在返回都城的路上病逝,当时是927年,后被尊为辽太祖。耶律阿保机即位20年,奠定了契丹政权的基础。随后,在其妻述律氏的支持下,他的儿子耶律德光(辽太宗)即位。辽太宗继承父亲的遗志,继续奋发图强,使得契丹政权愈加强大。

公元936年,耶律德光册立石敬瑭为"大晋皇帝",取代了后唐成为五代中的第三个政权——后晋。石敬瑭为了当上这个不光彩的皇帝,甘愿与契丹约为父子之国,他自称"儿皇帝",耶律德光为"父皇帝",同时还把后晋北方的重要土地——幽云十六州(今北京、天津、河北北部、山西北部等地)拱手送给了契丹。十年以后,耶律德光还是没有放过这个可怜的后晋政权。

公元947年,他亲自带兵攻进了开封城,将其灭掉。进了开封城以后,耶律德光本来想再找一个傀儡皇帝代替后晋石敬瑭、石重贵父子继续实施统治,但很快又转变了主意,觉得自己亲自来统治更好,于是后晋的文武百官们也心领神会,一致推举耶律德光在开封登基。其实在其父亲耶律阿保机去世之后,他已经成为契丹的皇帝,登基过

《备猎图》(局部) 绘于内蒙古敖汉旗克力代乡喇嘛沟辽墓西壁,画面上有5名契丹男子,半侧身向内站立。原件现藏于内蒙古史前文化博物馆。

了,但是为了显示自己是更加正统的皇帝,他决定再在中原地区的城市——开封城里再登基一次。947年二月初一,他穿戴好中原皇帝的冠服——通天冠、绛纱袍,在开封城里原本属于后晋的宫廷中的正殿入座,然后各种仪仗、乐舞等都一一齐备列在两旁,耶律德光就这样又当了一次皇帝。但这次他认为做的既是契丹的可汗,又是中原的皇帝,而且这次登基之后最重要的一个变化就是,正式定国号为"大辽",并改年号为"大同"。从此,契丹政权有了像中原王朝一样的国号,也就被称为"辽朝"。

不知道是历史的巧合,还是以耶律阿保机为首的契丹统治者们的有意为之,就在耶律阿保机即位建立契丹政权的当年四月,朱温废掉唐朝最后一个皇帝,自己当了皇帝,建立后梁政权,自此中原开启了五代时期。五代以外,还有"十国",主要都分布在南方,他们开始的更早一些,比如较早实行割据的吴国,早在唐朝还未灭亡的891年,吴国开国皇帝杨行密就开始在淮南一带进行割据。其他地方政权也纷纷在各地割据立国。由此,中国历史进入了多个政权并立的历史时期,而这个分裂时期的起点,就在907年。虽然契丹政权在907年建国以后,直到四十年之后的947年,才有了"大辽"国号。但是这开国的四十年可谓是契丹政权(辽朝)的奠基时期,辽朝几乎所有的重要政治制度、文化传统等基本上都是在这一时期完成。所以,后世史家把907年定为辽朝的建立之年,把辽太祖耶律阿保机作为辽朝的开国皇帝。

宋朝建立：陈桥兵变、黄袍加身

宋朝建立之前，中国历史正处于一个大分裂的时代。辉煌一时的唐帝国崩溃后，南北各地的军阀纷纷拥兵自重，先后建立了多个小王国和地方政权，这个时代历史上被称为"五代十国"。结束"五代十国"混乱局面，重新建立中央集权的正是宋王朝。而宋朝的建立源于一位禁军高级将领赵匡胤，他通过一段传奇的"陈桥兵变、黄袍加身"的故事成为宋朝的开国皇帝。

起家行伍

赵匡胤，祖籍涿郡（今河北涿州）。父亲赵弘殷，后梁时任成德军节度使王镕的部将，后因战功不断获得升迁；后周显德三年，因从征淮南有功，升任侍卫马军副都指挥使，但于同年七月病逝。赵弘殷自后唐至后周数十年长期在侍卫马军司任军职，从普通下级军官升迁至副长官，他的亲信和部属非常多，这都为赵匡胤后来成功发动兵变打下了良好基础。后唐时，赵弘殷随军队迁居当时的都城洛阳。天成二年（927），赵匡胤出生于洛阳夹马营，为赵弘殷次子。后汉乾祐元年（948），时年赵匡胤二十二岁，应募从军，追随枢密使郭威征讨李守贞，从此成为郭威的部属。大概在其后不久，

宋朝建立：陈桥兵变、黄袍加身

一批投靠郭威的年轻军官结为"义社兄弟"，除赵匡胤外，还有杨光义、石守信、李继勋、王审琦、刘庆义、刘守忠、刘廷让、韩重赟、王政忠，称为"义社十兄弟"，后被称为"太祖义社十兄弟"，是赵匡胤后来发动兵变代周建宋的基本力量之一。

后周建立，赵匡胤担任属于禁军近卫班直的东西班行首，仍然是低级军官，但其父赵弘殷已是侍卫亲军司马军的高级将领。显德元年（954）正月，后周世宗柴荣继位后，赵匡胤受到重用，他长期跟随皇帝南征北战，立下了赫赫战功，一路不断升迁，于显德三年十月建节，时年三十岁，升领匡（入宋后避讳改为定）国军节度使。赵匡胤随即组建自己的幕府班底，首先进入幕府的有赵普、沈义伦、吕余庆，后期进入幕府的有李处耘、楚昭辅，他们成为赵匡胤的

宋太祖赵匡胤坐像

心腹,在后来的兵变建宋中发挥了积极作用,而赵普更是兵变主谋之一。周世宗柴荣之所以重用、信任赵匡胤,除了赏识赵匡胤杰出的军事才能之外,恐怕还有一层重要的姻戚关系起到了至关重要的作用,即赵匡胤的弟弟赵匡义和周世宗分别娶了禁军高级将领符彦卿的女儿,也就是说赵匡胤是周世宗连襟的兄长。

显德六年(959)六月中旬,周世宗病逝,由其7岁幼子柴宗训继位,是为恭帝。显德七年(960)正月初一,赵匡胤指使沿边镇(今河北正定)、定(今河北定县)二州,报称北方草原上的契丹勾结盘踞在今山西北部的北汉大举联兵南侵,于是后周朝廷委派禁军殿前都点检赵匡胤率兵北征。而事实上,赵匡胤借机调兵遣将,精心策划了一件惊天动地的大事,做好了夺取政权的周密部署。而这个时候,京城开封出现了"策点检为天子"的流言,搞得满城风雨、人心惶惶。正月初三早晨,赵匡胤率大军北上,而他的亲信禁军高级将领石守信、王审琦等人则被安排率殿前军留守京城,既为政变作内应,又可遏制支持后周皇室的力量。

黄袍加身

正月初三晚上,赵匡胤率军驻扎在开封城东北四十里的陈桥驿(今河南省新乡市封丘县东南部)。当晚,赵匡胤和将士们一起吃了饭、喝了酒,然后假装独自去睡觉了。这时,他的亲信赵普和弟弟赵匡义召集将领们商量道:"虽然都说改朝换代是由天命安排,但是其实都是事在人为。如果我们控制住了军队,不允许他们乱抢乱杀,稳住都城里的百姓,稳稳当当地干件大事,大家都能长保富贵。"一个"长保富贵"吸引住了大家,于是得到了将士们的一致支持。

宋朝建立：陈桥兵变、黄袍加身

第二天清晨，禁军将士一拥而进，来到赵匡胤的军帐中，拿出早已准备好的象征着皇权的黄袍，披在赵匡胤身上，并山呼万岁。赵匡胤装出一副懵然不知的样子说："你们贪恋富贵，让我篡位当皇帝，如果你们听我的话便好，如果不听我的话，我决不同意当皇帝！"大家都连声说："同意！同意！都听你的！"于是，赵匡胤对拥立的将士们提出两点要求：一是不能欺凌周恭帝和太后及朝内公卿大臣，以争取周室官僚集团的支持；二是禁止纵兵大掠京城，以改变五代以来的兵变恶习，争取民心。将士们都表示服从命令，紧接着率大军返回京城。赵匡胤集团控制住京城局势之后，位列首位的后周宰相、顾命大臣范质知道大势已去，无力回天，提出交涉条件并得到允诺后率领文武百官听命，这时还有人拿出了早已写好的禅位诏书，让后周小皇帝主动退位，将皇位让给赵匡胤。就这样，赵匡胤兵不血刃地夺得了皇帝宝座。表面上看，在中国历史上，还无法找出另一个朝代，立朝立

赵匡胤永昌陵神道石刻武士

国像宋朝这么容易、这么突然,但其实也经历了赵匡胤集团多年的苦心经营,并紧紧攥住了历史赐予的良机——"主少国疑"。

赵匡胤发动兵变时担任归德军节度使,治宋州(今河南商丘),于是定国号为"宋",史称"北宋",同时改后周显德七年为建隆元年,仍以东京开封府为都城。

"黄袍加身",可谓是赵匡胤的一大发明创造。从此也成为一个历史典故,成为夺取政权或引申为取得某种权位的代名词。其实,类似的事件在后周的建立者、也曾经是赵匡胤的主帅的郭威身上发生过一次。后汉乾祐三年(950)澶州兵变时,哗变将士扯裂黄旗披在郭威身上,拥立郭威称帝。只是郭威临时以黄旗代替黄袍,而赵匡胤则是精心谋划,在发动兵变前已经缝制了一件量身定制的黄袍。

《南北宋志传通俗演义题评·赵匡胤兵渡涣水》插图

雍熙北伐与守内虚外

雍熙北伐

雍熙北伐是宋太宗为一举收复幽云十六州而发动的一次大规模北伐战争。辽乾亨四年(982),辽景宗病亡,即位的辽圣宗耶律隆绪年仅12岁,由其母皇太后萧氏摄政,宋太宗赵光义君臣认为这是北伐的绝好时机。北宋雍熙三年(986),宋太宗坐镇开封亲自指挥了对辽的军事行动,派遣了二十万大军,从山西、河北兵分三路出击,意图一举收复幽云十六州,史称"雍熙北伐"。

实际上,雍熙北伐并不是北宋第一次大规模的伐辽军事行动,早在太平兴国四年(979)攻下北汉后,太宗皇帝曾亲率胜利大军,挥师东下伐辽,目的也是夺取幽云十六州,可最终却在高梁河一带(今北京市西直门外)铩羽而归。此战不仅没能实现收复幽云十六州的目标,还丢失了一大批城池。此役中,随行宫妃皆殁于战阵,太宗自己也中了两箭,此后箭疮反复迸裂,十八年后,因此而死。高梁河之战的失利使得宋军在人力、物力、财力等方面都遭受了极大的损失,辽国也因此产生了轻视宋军的心理。此战之后,宋辽之间摩擦不断,直至太平兴国七年(982)辽景宗死去的三年间,辽军频频南侵,宋军大致处于防御态势。但在数次交锋中,双方互有胜负,宋军并未彻底丧失优势。

宋太宗身上一直有着"斧声烛影,弑兄篡位"的传言,他的皇位并不稳固,政治基础也并不牢靠。因此太宗需要通过北伐战争的胜利,来获取民心,赢得朝臣的拥戴,巩固帝位,结果却在高粱河一带吃了一个大败仗,名声大损。在高粱河败退之际,不知太宗踪迹的情况下,甚至不少前线将领策划改立太祖之子德昭为帝,差点儿酿成兵变。面临此种局面,宋太宗一直想再发动一次大规模的北伐,一举击败辽国,以雪前耻,进而挽回自己的政治声望。

公元982年,辽景宗在巡猎途中暴毙,年仅十二岁的长子被迫即位,由于少主年幼,辽国大权掌握在萧太后和宠臣韩德让手中。就在这个时候,北宋的许多大臣上言,认为此时辽国政局不稳,建议趁机北伐,收复幽云。宋太宗听后大喜,决议趁此时机发动第二

《北宋志传》中的"杨令公大破辽兵"插图,杨家将的故事即源于杨业拒辽

次北伐。雍熙三年(986)春,经过多年准备,宋太宗决定倾全国之力,大规模北伐辽国,从山西、河北分三路出兵,分别由曹彬、田重进和潘美率领。曹彬等率领东路军从河北雄县出击,牵制辽军主力;中路军由田重进率领,西路军由潘美和副将杨业率领,中西两路绕到辽国南京(今北京)北边,三路合围,拟攻取辽南京。北伐初期,宋军连连告捷,西路军与中路军收复了一些失地,但东路军大将曹彬贪功冒进,军粮运输跟不上,抵达涿州时,遭遇辽军主力,因军粮短缺,仓皇撤退,在离涿州西南40里的岐沟关被辽南京留守耶律休哥率领的骑兵打得大败,损失惨重,死者过半。于是,宋太宗连忙下令全线撤兵,由潘美和杨业断后。杨业和潘美约定把辽军引至陈家谷口,但潘美逃之夭夭,杨业苦战,不幸被俘,绝食壮烈而死。杨业即杨家将故事中的杨令公。

守内虚外

雍熙北伐以宋先胜、后大败而结束,对宋辽双方均产生了极为严重的社会后果。就战争规模而言,这是宋辽战争史上规模最大的一次。就战争损失而言,也极为惨重。辽国掳获了北宋大批军民,宋朝士兵死伤惨重,士气锐减。由于战争,山西、河北等地生产遭到破坏,人民的生活受到严重影响。最糟糕的后果是,从此北宋朝野上下丧失了一举收复幽云十六州的信念,全线的溃败瓦解了北宋君臣的进攻意念,北宋放弃了从军事上收复幽云失地的计划,对辽策略自此转为消极应对、主和妥协的防御政策,同时将注意力集中在加强内部统治方面,最终确立了"守内虚外"的基本国策。所谓"守内"是指重点巩固中央政权内部统治,防范内部可能颠覆政权的力量,并且有效防范并镇压社会不安定因素如士卒哗变、农

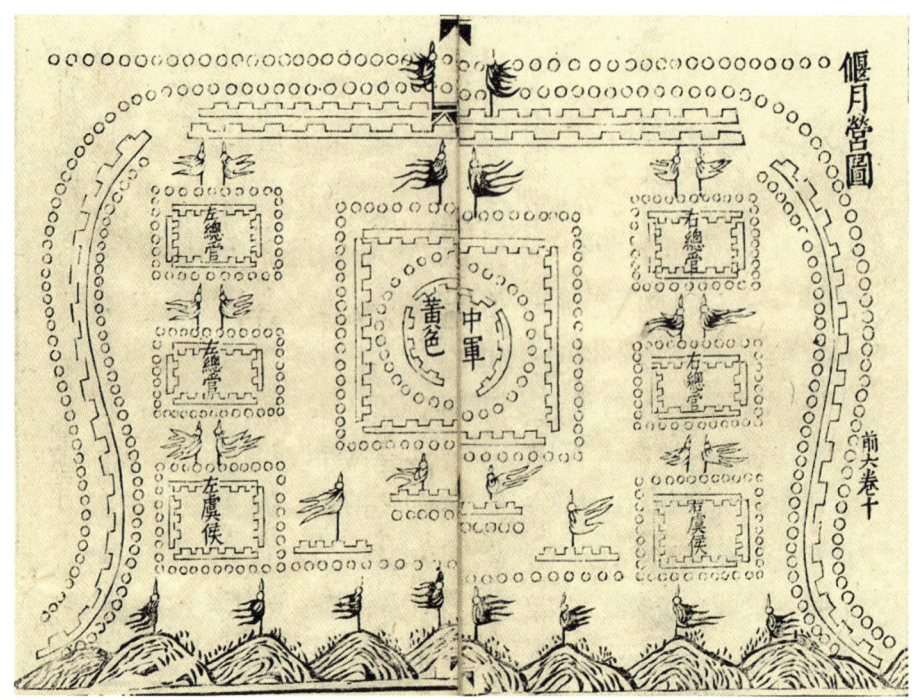

北宋前期,为应对边防压力,集中国家力量编写了一部综合性兵书——《武经总要》。该书详述选将用兵、行军宿营、古今阵法等军事理论内容,还收录了历代用兵故事、战例资料,以备使用。图中为偃月营图,偃月营是一种半月形的阵营。

民起义、地方叛乱等,从而维护赵宋家天下的统治;而"虚外"是一种外交态度,即以不生事为基本原则,不主动进攻,消极防御,尽量避免正面冲突,后来逐渐发展成以钱财换取和平。这项基本国策也一直延续了下去,直接影响了北宋的政局走向。

为了维护中央政权的统治,宋代最精锐的部队全部集中于京城和京畿地区,巅峰时期禁军数量多达六七十万。在边防建设上,宋太宗听取赵普的建议,进一步抑制武将。在其统治后期,自我总结并告诫子孙要将治国重点放在预防"内患"上。宋真宗登基以后,承继了雍熙北伐之后逐步构建的边防体制。起初面对辽朝的频频攻击,宋真宗在边防上做出了相应保守的军事部署。澶渊之盟前夕,面对日益严峻的边防问题,宋真宗起用寇准,以此应对边防的被动局面。澶渊之盟签订以后,宋朝君臣过分依赖盟约,甚至放弃了边防建设,依赖于以钱财换取和平的方式来保障边疆安全,延续赵宋王朝的统治生命。

守内虚外虽然对地方有着较好的管控,并且也稳定了地方的政治,却埋下了较大的隐患。那就是边防危机大大加重,甚至最严重的时候,辽军几乎直逼都城。

这种守内虚外的政策,让统治者过分关注中央地区的稳定,而忽略了边疆地区的重要性,最终导致边疆地区军事力量相对孱弱。而对于守内虚外政策,宋代一直都没有认识到其中的弊端,北宋的灭亡也没有给继立的南宋带来警惕。

辽代鎏金鹿纹银鸡冠壶 出土于内蒙古赤峰 文物现藏于中国国家博物馆

寇准与澶渊之盟

寇准其人

北宋时期有一位著名的宰相寇准(961—1023),字平仲,华州下邽(今陕西渭南市北)人,是我国古代杰出的政治家。寇准于太平兴国五年(980)进士及第,时年19岁,同榜进士有李沆、王旦、向敏中、苏易简等人。该榜后来不仅宰执之臣辈出,而且其他中榜之人也大有作为,故被时人称为"龙虎榜"。淳化二年(991),寇准31岁时担任枢密副使,前后从政四十余年间三次拜相,历太宗、真宗两朝,为官清正,其政治才能得到社会各阶层的赞誉,曾被宋太宗称赞为"真宰相"。在抵抗辽兵的澶渊之役中,寇准表现出崇高的爱国主义精神,为北宋政权的巩固作出了不可磨灭的贡献。

寇准幼年丧父,但并未因此荒废学业,凭借天资聪慧而博览群书,广增学识,19岁时便考中贡士,并获得了参加殿试的资格,一举及第。进士及第后,寇准先后被朝廷授予大理评事、知县、殿中丞、通判郓州等职务。寇准性格豪爽,耿介刚直,但朝廷依然委以重任,曾担任过右正言、三司度支推官、盐铁判官等官职。寇准性格刚正不阿,在朝会上也是直言不讳,敢于进谏,从而得到了宋太宗的赏识。端拱二年(989),寇准向宋太宗奏事,但意见与太宗不合,太宗越听越不高兴,索性转身向后宫走去。寇准见状,竟然忘了君臣名分,上前一把抓住太宗的龙袍,执意请皇上听完自己的陈奏。好在太宗也不是不讲情理的蛮横昏君,再次回到龙椅上,重新听取寇准的谏言。宋太宗认为寇准的行为皆是出于一片爱国之心,并觉得寇准可堪大用,他常常在众人面前夸赞寇准道:"朕得到了寇准,就像唐太宗得到了魏征!"

澶渊之盟

宋真宗继位后,景德元年(1004),寇准担任宰相,稳坐统治集团的核心位置。当时北宋面临着严重的外部威胁。自雍熙北伐失败之后,宋辽之间战争频发,宋朝自两次北伐大败而归之后,朝野

寇准像,寇准谥忠愍

上下对辽国产生了恐惧畏战心理,战略上的军事进攻逐渐转变为消极防御的妥协策略,但辽国依然不停南下进击宋朝边境。寇准为相之时,正值辽国萧太后放纵骑兵侵扰北宋北部边境,沿边百姓受苦深重。公元1004年,辽国萧太后率领辽军南下,发起了大规模的进攻,兵锋直指河北地区。辽国大举进攻的消息传来,引起了北宋朝堂的极大震荡,朝中几乎所有的大臣都畏惧不已,纷纷进言请宋真宗避战迁都。而宋真宗看到朝野上下竟然无人敢战,内心

也不免动摇了。然而时任宰相的寇准力劝真宗御驾亲征,赴往澶州与辽国决战,大有决一死战、同归于尽之势。当时边关告急,朝廷不停收到加急军报,寇准却将文书扣下,每天对酒当歌,若无其事。真宗得知寇准的状态后,下令召来寇准询问究竟。寇准说:"陛下若解决边患,倒也不难,只要您御驾亲征即可。"宋真宗并不像宋太宗那样杀伐决断,对于寇准的建议,他也拿不定主意,诏令群臣共同讨论,朝中大臣王钦若、陈尧叟建议皇上南迁避战。当宋真宗将此建议传达给寇准时,寇准佯装不知是谁的主意,不点名说道:"谁为陛下画此策者,罪可诛也。"最后在寇准的执意请求之下,宋真宗决定北上御驾亲征。北宋士兵听说陛下御驾亲征,士气大涨,取得了一系列胜利。

随着战事的发展,等辽国大军打到定州的时候,宋辽两军进入屯兵对峙状态,而由于辽国内部矛盾重重,辽臣建议萧太后议和,但是被北宋寇准等主战派所拒。随后萧太后又亲率主力攻克了德清城,将澶州死死地包围起来,宋军则坚守孤城澶州。就在澶州岌岌可危的情况下,戏剧性的一幕出现了。辽军统领萧挞凛竟然带着十几个骑兵在城墙嚣张地巡视,而一宋军大将使用守城的重型床子弩将这个不可一世的辽国统领一箭射于马下。还没交战便折了一个将领,辽国军队士气严重被挫。而这时宋真宗御驾亲征澶州,寇准以自己的项上人头担保促使宋真宗亲自前往一线城门督战,鼓舞了宋军士气,澶州军民士气立刻大振,同时前来支援澶州之战的军民共计达到几十万人。宋真宗被军民万众一心的气氛所激励,认为军心可用,然后彻底将所有指挥大权交给了寇准,而自己则返回了都城。

寇准与澶渊之盟

而辽军由于深入北宋境内,军需补给渐渐不足,战线拉得太长,渐渐国力不济,加上还没开战便损失了一名大将,辽国也产生了议和的心理,辽国掌权者萧太后向北宋发出了和谈的建议。这正中宋真宗的下怀,他不管寇准如何苦谏,执意要求派遣使臣,与

宋真宗像

辽使商讨议和之事。受宋真宗派遣,大臣曹利用代表北宋,前去辽营。宋真宗提出只要辽国同意撤兵,北宋方面可答应每年赠予辽国银帛一百万两、匹。为了尽量挽回面子,将北宋的负担降低至最低限度,曹利用出发之前,寇准千叮咛万嘱咐,不能超过三十万。后来曹利用与辽国签订了历史上著名的"澶渊之盟",双方规定:约

为兄弟之国,宋真宗年长,辽圣宗称其为兄;以白沟河为界,双方撤兵;宋每年给辽银十万两、绢二十万匹;双方在边境上开设榷场,开展互市贸易。

澶渊之盟的签订,基本结束了宋辽之间兵戈不断的大规模战争。随后近百年双方基本处于和平状态。此盟约为宋朝节省了巨额的军费,以每年进献三十万的代价避免了长期作战所造成的粮饷赋税过重的情况,并在一定意义上促进了民族融合和文化交流。澶渊之盟的签订,开启了以钱财换和平的先河,宋朝基本放弃了武力防御的对外军事态度,边境军备日益荒废。

极力在澶渊之盟中争取权益的寇准,因澶渊之功而被加官,但也因为其耿直的性格,朝中多有嫉妒之人。不久,在王钦若的挑拨之下,宋真宗免去了寇准的相位,并将其外放。直到王钦若等小人被罢免后,寇准才在宰相王旦的建议下,重新回朝任职,此后又担任中书侍郎、吏部尚书、同平章事、景灵宫使、尚书右仆射、集贤殿大学士等要职。天禧三年(1019),宋真宗因风疾无法理政,刘皇后趁机把持朝廷大权。寇准秘密与真宗交谈,建议由皇太子摄理国政,真宗表示赞许。但二人计划遭到泄漏,在刘皇后、丁谓等人的操控下,寇准被罢免相职,并被授予虚职太子太傅,封莱国公。之后在丁谓的不断打击下,朝廷将寇准一贬再贬,寇准最后竟然在年过花甲之后客死异乡。一代名相竟落得如此结局,不免令人唏嘘。

范仲淹与庆历新政

　　北宋经过近八十年的发展，政治逐渐稳定，社会经济逐步发展，国泰民安，整个国家、社会正在迈向繁荣，但繁荣之下却隐藏了许许多多危机。宋朝建立伊始，为了进一步削弱武将和地方权力，官僚机构的设置十分庞大、臃肿，经过太祖、太宗、真宗三代，到了宋仁宗时期，出现了"三冗"问题，即"冗官、冗兵、冗费"。官僚队伍数量庞大，层层重叠，行政效率低下，人民生活困苦；西北地区党项建立的西夏的崛起也给宋朝带来了巨大的军事压力；上述种种使得北宋朝廷开始出现财政危机。至庆历年间，士大夫群体中的有识之士开始关注这些问题，又由于对西夏用兵失败，这些问题一下子便暴露在北宋君臣眼前，以范仲淹为代表的士大夫尝试进行改革，以求富国强兵，史称"庆历新政"。

范文正公

　　范仲淹（989—1052），字希文，祖籍邠州，后移居苏州吴县，北宋时期杰出的政治家、文学家。范仲淹幼年丧父，四岁时随继父迁至长山，励志苦读于醴泉寺。因家境贫寒，便用两升小米煮粥，隔夜粥凝固后，用刀切为四块，早晚各食两块，再切一些腌菜佐食。

成年后，范仲淹又到应天书院刻苦攻读，冬天读书疲倦发困时，就用冷水洗脸；没有东西吃时，就喝稀粥度日。一般人不能忍受的困苦生活，范仲淹却从不叫苦。经过苦读，范仲淹终于在大中祥符八年（1015）进士及第，后升官至参知政事。

清代《吴郡名贤图传赞》中收录的范仲淹像，范仲淹谥文正

范仲淹特别善于识人，当狄青还是个下级军官时，范仲淹对他非常器重，授之以《左氏春秋》，并说："将不知古今，匹夫勇尔。"狄青从此折节读书，精通兵法，后来以武官任枢密使，成为一代名将。

范仲淹不仅是北宋著名的政治家和军事家，还是一位卓越的文学家和教育家。作为宋学开山、士林领袖，他开风气之先，文章论议必本儒宗仁义；并以其人格魅力言传身教，一生孜孜于传道授业，悉心培养和荐拔人才；乃至晚年"田园未立"，居无定所，临终《遗表》一言不及私事。范仲淹倡导的"先忧后乐"思想和仁人志士节操，为儒家思想中的进取精神树立了一个新标杆，是中华文明史上熠熠生辉的精神财富。千载迄今，全国各地有关范仲淹的遗迹始终受到人们的保护和纪念。

庆历新政

庆历新政的背景是积贫积弱,这是导致北宋中期社会危机重重的根本原因。北宋开国之初,深刻吸取了唐末五代灭亡的历史教训,用"杯酒释兵权"的和平方式解除了中央禁军和地方节度使的兵权,避免对中央政府产生威胁;但代价却是朝廷允许开国功臣的子孙们以恩荫的方式入朝为官。进入北宋中叶的庆历年间,恩荫入仕做官的人数越来越多,不仅导致正常科举及第的官员没有职位安排,而且还导致产生大量的冗官,造成中央财政的极大困难。此外,还存在内忧外患,北宋社会土地兼并现象十分严重,而政府又不加抑制,导致社会贫富差距越来越大,农民的负担日益沉重,几乎失去生活保障,因此各地不断爆发农民起义;而且当时的边防危机空前严重,西夏不断对北宋构成威胁,而北宋的三川口、好水川、定川寨等几场对外作战都以失败告终。为了有效应对上述重重危机,在仁宗皇帝的支持下,范仲淹主持了昙花一现的"庆历新政"。

庆历三年(1043),西夏请求议和,西北边事有所缓和。宋仁宗召范仲淹回京,并任命他为枢密副使,又任命欧阳修、余靖、王素和蔡襄为谏官,希图进行一番改革事业。六月,谏官上书说范仲淹有担任宰相的能力,宋仁宗想任命范仲淹为参知政事(即副宰相),范仲淹推辞不愿接受。八月,宋仁宗罢免参知政事王举正,即刻任命范仲淹为参知政事。

宋仁宗调整大臣班底后,多次召见富弼、范仲淹等人,咨询天下大事。范仲淹虽然对皇帝的任命十分感激,却认为事有先后、轻重,朝廷的弊病形成已久,不是短时间内能够立刻解决的,需要一个漫长的改革过程,更需要皇帝长时间的支持。于是,宋仁宗为了范仲淹亲笔下诏书,开天章阁,陈设笔砚、赐座以待,表示自己对范仲淹的无比信任。范仲淹惶恐不安,退朝后作《答手诏条陈十事》,上书宋仁宗:"明黜陟、抑侥幸、精贡举、择官长、均公田、厚农桑、修武备、推恩信、重命令、减徭役"等十项措施,具体内容如下:(1)明黜陟。改革过去文武官员升迁只讲资历年限,不问政绩如何的磨勘旧制,提出对官员实行严格考核,按政绩优劣分别升降。(2)抑侥幸。限制官员恩荫子弟为官,防止官僚滥进。(3)精贡举。改革科举制度,进士诗赋之外还需考策论,以选拔真才实学之士。(4)择官长。加强对地方官员的选拔、监督。(5)均公田。平均分配外官职田,令官吏足以养廉。(6)厚农桑。发展农业经济,加强各地的农田水利建设,增加粮食产量。(7)修武备。募强壮之士为卫兵,三季务农,一季教战,增强军力,节省军费。(8)减徭役。

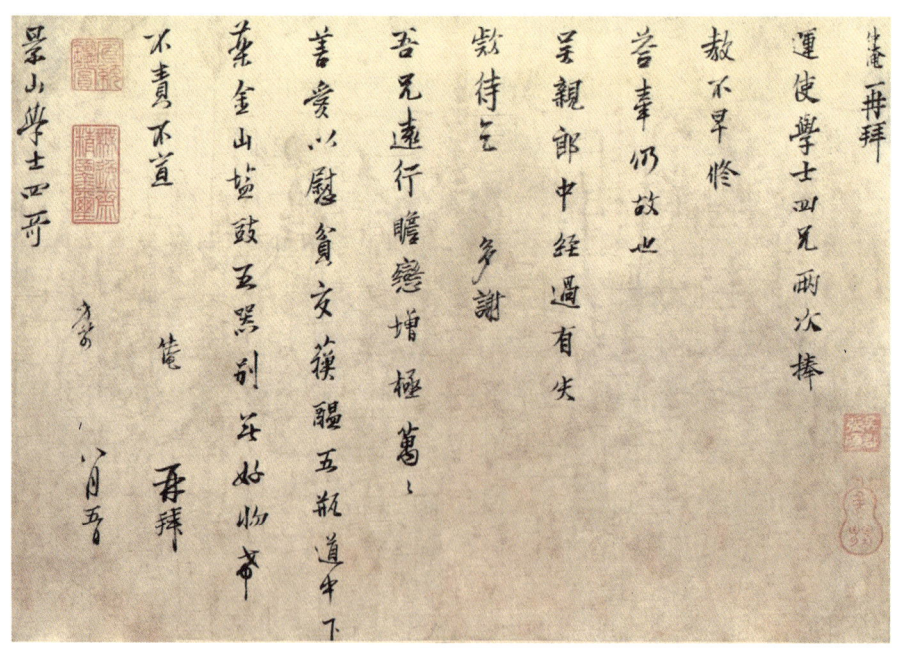

范仲淹手书《远行帖》 原件现藏于故宫博物院

合并县邑,减轻职役负担。(9)覃恩信。朝廷免除百姓多年积欠的赋税,地方并没有依行,要求取信于民,地方官有违者依法惩处。(10)重命令。国家令出必行。各级官吏务必遵守执行国家有关法令条文。宋仁宗积极采纳改革举措,诏令统一颁布,告知天下,只有府兵法由于大臣反对而没有推行。

庆历四年(1044),范仲淹又上书仁宗"再议兵屯、修京师外城、密定讨伐之谋"等七事,并请求扩大相权,由宰相兼管军事、官吏升迁等事务,改革的广度和深度进一步增加、增强。新政实施后,恩荫减少,考核严密,损害了众多官员的现实利益,于是毁谤新政的言论逐渐增多,指责范仲淹等人是"朋党"的议论再度兴起。庆历五年(1045)正月,以夏竦为首的反对派攻击革新派为"朋党",宋仁宗外放范仲淹、富弼等大臣,改革遂以失败告终。史称:"范仲淹以天下为己任,裁削倖滥,考覆官吏,日夜谋虑兴致太平,然更张无渐,规摹阔大,论者以为不可行。及按察使出,多所举劾,人心不悦,自任子之恩薄,磨勘之法密,侥幸者不便,于是傍毁稍行,而朋党之论浸闻上矣。"

改革初期,范仲淹等人切实贯彻执行改革的政策,因此取得良好的效果。一时间朝廷风气为之改变,一派政治清明、欣欣向荣的局面,受到人民的欢迎。"庆历新政"昙花一现,但是以范仲淹为代表的正直士大夫,为改变不利局势所作出的努力和尝试,却给后人的改革带来了启示与鼓舞;"庆历新政"开北宋政治改革风气之先河,成为宋神宗、王安石"熙丰变法"的前奏。

熙丰变法与元祐更化

北宋立国前期,尤其是宋太祖赵匡胤、太宗赵光义执政期间,经济上较为繁荣发达,各项制度趋于完备,为宋朝三百二十年的基业奠定了坚实基础。但是到了真宗、仁宗时期,宋朝在内外各个方面都出现了一些问题和危机,最主要的就是"冗官、冗兵、冗费"问题和"积贫积弱"现象:军队规模过于庞大且战斗力不振,导致军费开支过大,国家财政负担日益沉重;同时各级官吏人数众多,也需要庞大的开支,同样给国家财政造成重大负担。政治形势变化,急需实行改革,以求废除不合理的制度,实现富国强兵,这就不得不提及宋神宗时期的王安石变法。

王安石变法

以往都将北宋中期的这件政治改革大事称之为"王安石变法",作为积极推动变革的主导者王安石,其关键作用毋庸置疑,但是大家仔细想一想,在那个时代如果没有皇帝的直接支持,一个大臣怎么可能推动影响历史大局的改革事件呢?况且有些具体改革,王安石本人并没有直接参与。支持王安石主导变革的皇帝就是宋神宗。神宗欣赏王安石已久,对于他的观点和政治主张都非常赞同。治平四年(1067)九月,刚继位不久的宋神宗即任命王安石为翰林学士。第二年,又下令邀请王安石入朝面谈。两人一见如故,畅谈了社会存在的问题和改革思路。一切准备就绪以后,宋神宗迫不及待地邀请王安石来主持这场变法改革运动,以图富国

宋神宗坐像

强兵,改变北宋积贫积弱的状况。所以,我们以前习惯上称此次改革为王安石变法,但实际上更准确的称呼应是"熙丰变法",其源自宋神宗在位变法改革时期的两个年号"熙宁"和"元丰"。

当时宋朝在农业、军事、财政等许多方面都出现了问题。农民

徭役负担沉重,交税太多;国家财政入不敷出,每年都有大量的财政赤字,每年都预先透支下一年的经费;军队虽然数量庞大,但费用过高,且战斗力也十分低下,在对抗外敌时总是吃败仗;皇家宗室和贵族们的支出也非常高,同时皇帝赏赐贵族的财物过多,也给国家造成很大负担。这一切都需要改革,而王安石改革的总体思路是理财,在争取不增加老百姓赋税负担的前提下,改善国家财政的使用方式,以此来增加经费;进一步希望在改善财政以后,能够实现强兵的目的。

新法先后陆续出台,理财方面的措施主要有七项,按照发布的时间顺序即均输法、青苗法、农田水利法、免役法、市易法、免行法、方田均税法;强兵方面的共有四项,即保甲法、保马法、军器监法、将兵法;培养人才方面有三项,即科举新法、三舍法和颁布《三经新义》。从新法的名称也能看出,其主要内容都是为了增加财政收入,改善经济状况。变法的成效还是比较显著的,最主要的变化就

熙丰变法与元祐更化

是财政收入大大增加了。像青苗法、免役法等都是为了增加财政收入而设计的,这些改革政策实施以后,不仅将之前透支的经费补上了,还储备了大量的战备物资;一直到北宋晚期,国家财政还受惠于上述变法措施。至于强兵,王安石的表述是"什伍百姓,训练兵甲","非什伍其民而用之,则不可以致治强"。"什伍"在保甲法中有体现,基本上没有效果。但是,在变革期间,对军政的整饬却成效显著。整饬的重点在于两点:裁汰冗兵,编练将兵。比较有意思的是,在"强兵"的过程中,王安石并没有发挥显著作用。裁汰冗兵,文彦博在枢密使任上,与有力焉;推行将兵法,似出神宗之意,亦未见王安石参与。这两项措施,未遭遇反弹,可见"强兵"本身,对立两派并无歧义。不过,"强兵"之后,就要"开边",而这受到保守派的强烈抨击。"开边"是宋神宗与王安石所认为的新法的终极意义,岂可半途而废、裹足不前呢?简而言之,富国—强兵—开边,是新法推进的内在逻辑。新法的目的,便是将内敛的宋代政治风

王安石手书《行书楞严经旨要卷》(局部)

格转向千余年前的积极进取的汉武帝风格。

在变法开始之际,朝中大臣有过一次争论,一方是以王安石为代表的变法派,另一方是以司马光为代表的保守派,双方争论的核心问题是如何改善财政。司马光认为,天地之间的财富是有定数的,如果不在民间老百姓手里,就是在国家的手里;如果向老百姓征收多了,国家财政自然会好转,但老百姓会变得穷困。王安石不同意这个观点,他认为真正善于理财的方法是,在不给老百姓增加负担的前提之下,只要改善财富的分配和使用方法就能够让国家财政变得充足。实际上,两种观点都有道理,而且也都是尽心尽力为国家和老百姓着想,既希望改善国家财政状况,实现富国强兵,但又不忍心增加老百姓的负担。宋神宗也曾说:"取民之财,还以助民。"意思是先从老百姓手里征收赋税,然后再发展社会生产,强兵富国,增强国家的实力,最后让老百姓过上好日子。然而在实际执行之时,真实的结果往往是只把前半句"取民之财"做到位了,后半句"还以助民"却难以实现。

宋神宗与王安石在通过变法改革以求富国强兵的目标上是一致的。但面对保守派的攻击,宋神宗总是多做一些退让,毕竟作为一国之君,需要平衡和协调各方面的利益,而这一点对于不在其位、不谋其政的王安石来说,却不太容易理解。另外,宋神宗容易满足于已取得的成就,因此他远远不如王安石那样坚定、坚决。结果,宋神宗的摇摆不定以及变法派内部的矛盾,对新法的推行和结果均产生了巨大影响。

元祐更化

元丰八年(1805),随着宋神宗的病逝,这场轰轰烈烈的变法改

熙丰变法与元祐更化

革运动也宣告结束。由此可见,如果没有皇帝的支持,变法基本上很难坚持下去。继承皇位的是神宗之子宋哲宗,哲宗刚即位的时候还是一个十岁的小孩子,朝政被祖母太皇太后高氏把持,由其垂帘听政。早在熙宁中,高氏即在神宗面前哭骂王安石误国,导致王安石第一次罢相。事实证明,高氏终其一生始终激烈反对新法。

这个时候,以司马光为首的保守派开始行动起来,他们始终是反对王安石变法的,支持王安石的神宗皇帝逝世后,他们开始大张旗鼓地行动,发誓要将新政策予以废除。故而,几乎在皇位交接的同时,朝廷也迅速开始了新旧党人的交替。至元祐元年(1086),一年之中,司马光、吕公著等旧党入朝执政,而新党蔡确、章惇、韩缜等人被逐出中枢。王安石坐看其新法尽废,郁郁而终。元祐(1086—1094),是宋哲宗即位

王安石像

后的第一个年号。宋神宗死后,以太皇太后高氏和宰相司马光为首的旧党集团,进行了一系列废罢新法、恢复旧制的活动,史称"元祐更化"。更化,是指施政方针上的更改变化。

但是,保守派内部也并非一团和气,也有不同意见。有人想把新法全部废除,有人只想废除一部分,司马光是最保守的,他始终主张全部废除。很多人觉得一些新法的政策确实有效果,无论是对国家财政、国防还是社会生产,有利的方面应该予以保留。于

是，随着对新法内容的争论甚嚣尘上，废除新法的活动变了味、走了样。保守派内部意见不一致，使得他们的决策和态度产生了分歧，大家开始从争论新法如何废除转移到人与人之间的互相攻击。后来，保守派之间的矛盾越来越大，以致产生更大的分裂，以地域划分形成了洛、朔、蜀三派。洛党以理学家程颐为首，蜀党以大文豪苏轼为首，朔党成员较多，有刘安世、王岩叟、刘挚等。他们之间开始争吵，经常互相攻击，这使得原本是为了富国强兵和为老百姓谋福利的政治行为变成了朝廷大臣之间的互相争斗，政治风气由此开始变坏。元祐更化，废除新法，打击新党，加剧了新旧党争的矛盾，导致了北宋后期朋党之争的恶性连锁反应，对北宋后期政局混乱产生了重大影响。此后不仅新旧党争激化动荡，旧党内部的分化斗争也渐趋剧烈。

目前对熙丰变法的评价仍然没有绝对定论，既有积极肯定的观点，也有消极否定的观点，还有折中的观点。但无论如何，这都是中国历史上的一件大事。宋神宗、王安石的熙丰变法，是一次具有进步意义的改革运动。特别是通过社会经济方面的改革来调整社会矛盾，解决社会危机，这方面比范仲淹庆历新政更为深化。庆历新政主要限于在政治机制上作某些表面的改革，并没有较多地触及社会经济的根本问题，而熙丰变法不仅在政治机构上作调整，还着重注意解决经济问题。熙丰变法取得了初步成效，财政状况有所改善，军事实力也有所提升，对于稳定中央集权统治具有一定的意义。

宋徽宗与蔡京

徽宗赵佶

宋徽宗赵佶(1082—1135),宋神宗第十一子、宋哲宗之弟,北宋第八位皇帝,先后被封为遂宁郡王、端王。哲宗于元符三年(1100)正月病逝,时无子,向太后于同月立端王为帝,第二年改年号为"建中靖国"。宋徽宗即位之后启用新法,锐意改革,在位初期颇有明君之气象,后经蔡京、童贯等大臣的诱导,政治情形一落千丈。其后金军兵临开封城下,宋徽宗接受李纲之建言,匆匆禅让于太子赵桓;他在位25年,国亡被俘,于五国城(今黑龙江省哈尔滨市依兰县西北)受尽折磨而死,终年五十四岁,南宋绍兴十二年迁葬于绍兴永佑陵(今浙江省绍兴市柯桥区东南35里处)。

赵佶生于神宗元丰五年(1082),自幼养尊处优,斗鸡走狗,逐渐养成了轻佻浪荡的性格。元符三年(1100)正月,年仅二十四岁的宋哲宗病逝,宰相章惇主张依礼法,当立哲宗同母弟简王赵似,否则当立哲宗长弟申王赵佖,但向太后(神宗皇后、向敏中之女)以自己无子嗣,神宗诸子皆为庶子,排除患有目疾的申王赵佖后,主张立哲宗次弟端王赵佶,章惇随即指出"端王轻佻,不可以君天下",《宋史》称其"玩物而丧志,纵欲而败度",这便是"轻佻"最直观的表现,但向太后以宋神宗语驳斥反对派:"先帝尝言:端王有福寿,且仁孝,当立。"于是,向太后在曾布、蔡卞、许将等执政的支持下,立赵佶为帝,是为徽宗。赵佶原本没有机会登上九五之尊,也没有系统接受严格而规范的太子东宫教育,由于历史的风云际会而侥幸登上大宝,继位后稍有克制,便好大喜功、胡作非为起来。

宋徽宗艺术造诣极高,琴棋书画、样样精通,曾自创一种书法字体,被后人称之为"瘦金体"。他热爱画花鸟画,自成"院体"。宋徽宗是古代少有的艺术天才与全才,被后世评为"宋徽宗诸事皆能,独不能为君耳"。编纂《宋史》的史官也不无感慨地说,如果当

宋徽宗赵佶绘《瑞鹤图》(局部)　原件现藏于辽宁省博物馆

初章惇的意见被采纳，北宋也许是另一番结局，并说："如宋不立徽宗，金虽强，何衅以伐宋哉？"

宋徽宗绘画水平极其突出，还亲自出画题，留下了"踏花归去马蹄香"的一段佳话。一日，赵佶踏春而归，雅兴正浓，便以"踏花归去马蹄香"为题，在御花园举行了一次别开生面的绘画考试。其中"花""归去""马蹄"等都容易表现，唯有"香"是无形的东西，用画很难表现。许多画师虽有丹青妙手之誉，却面面相觑，无从下笔。有的画的是骑马人踏春归来，手里捏一枝花；有的还在马蹄上面沾着几片花瓣，但都表现不出"香"字来。独有一青年画匠欣然命笔，画面构思十分巧妙：几只蝴蝶飞舞在奔走的马蹄周围，这就形象地表现了踏花归去，马蹄还留有浓郁的馨香。宋徽宗俯身细览，抚掌大赞："妙！妙！妙！"接着评论道："此画之妙，妙在立意妙而意境深。使无形的花香跃然于纸上，令人感到香气扑鼻！"众画师一听，莫不惊服，皆自愧不如。

宋徽宗在位期间，重用奸相蔡京、宦官童贯等，弄得朝政废弛，天下大乱，各地农民起义此起彼伏，使北宋政治进入最黑暗、最腐朽的时期。宣和元年（1119）和宣和二年，先后爆发了宋江、方腊领导的两次较大的农民起义。宋徽宗虽然镇压和瓦解了这两次农民起义，渡过了农民起义带来的一场统治危机，但是东北地区女真族的兴起，却使北宋王朝面临覆灭的命运。

权相蔡京

蔡京（1047—1126），字元长，北宋宰相、书法家，福建兴化军仙游县慈孝里赤岭（今福建省莆田市仙游县枫亭镇东宅村）人。先后四次担任宰相，任期达17年，四起四落堪称古今第一人。蔡京于

蔡京《雪江归棹图卷跋》(局部)　原件现藏于故宫博物院

熙宁三年进士及第,先为地方官,后任中书舍人,改龙图阁待制、知开封府。崇宁元年(1102),为右仆射兼门下侍郎(右相),后又官至太师。掌权期间,大兴花石纲之役,擅改盐法和茶法,铸造当十大钱。北宋末年,太学生陈东上书,称蔡京为"六贼"之首,请求诛杀。宋钦宗即位后,蔡京被贬谪岭南,后途中死于潭州(今湖南长沙)。

建中靖国元年(1101)十一月,邓洵武攻击左相韩忠彦,并推荐蔡京为相,得到执政温益的支持,最终为徽宗所采纳。首先,于同月末决定改明年为崇宁元年,明确宣示放弃调和政策,改为推行新法。蔡京是个十足的政治投机者,王安石变法时拥护变法改革,元祐更化时附和司马光积极废除新法,宋哲宗亲政初年又积极附和新法。徽宗即位后不久,蔡京受守旧派攻击而被夺职,提举宫观闲居杭州,结交赴杭搜集书画的宦官童贯。蔡京以擅长书法逐渐受到可以称之为画家、书法家的宋徽宗的赏识,邓洵武、温益亦知道徽宗必将重用蔡京,在上书陈述推行王安石新法意见时都力荐蔡京,认为徽宗"必欲继志述事,非用蔡京不可"。崇宁元年(1102)五月,左相韩忠彦被贬任知府,蔡京升任执政。随后右相曾布也被贬任知州,蔡京升任右相,不久又升为左相,独相长达3年之久。其后虽曾两次罢相,但又复相或以太师控制朝政,位在首相(徽宗改左仆射为太宰,作首相;右仆射改称少宰,为次相)之上。徽宗末年,致仕已多年的蔡京还以太师领三省事掌握朝政。徽宗时期,始终是蔡京及其党羽的天下,他们打着绍述神宗改革的旗号,作为排斥异己,打击反对者的幌子。北宋开封歌谣:"打了筒(童贯),泼了菜(蔡京),便是人间好世界。"徽宗宣和六年(1125)十二月,太学生陈东上书,请求诛杀"六贼"蔡京、童贯、王黼、梁师成、李彦、朱勔,以平众怒。其中,童贯、梁师成、李彦三人为宦官,蔡京、朱勔二人是宋徽宗的艺术同好。

徽宗的"轻佻"与北宋末年政局更为直接的关联,是他好夸饰,喜更张,行事任情,过度自信,对形势总是作过分乐观的估计。"丰、亨、豫、大",是宋徽宗统治时期宰相蔡京所提出的口号,其意是说宋朝的礼乐制度与宫室规模,与当时国家富强及徽宗君德隆

北宋王希孟绘《千里江山图》(局部) 王希孟在画院得徽宗指导笔墨技法,历时半年,创作了这幅青绿山水名作,画卷上有蔡京题跋。

盛不相称,因此需要广营宫室,重修礼乐。蔡京实际上是迎合宋徽宗追求太平享乐、荒淫奢侈生活的欲望,进一步挥霍民脂民膏。

徽宗具备艺术家的想象力和自由精神。他不愿像祖宗一样去控制权力的边界,更不会刻意追求"异论相搅"的政治氛围。他诸事喜欢"出自圣断",并以私意发下"御笔",且要求坚决执行,不容臣下拖延片刻,否则流三千里,以致臣下无法核查"御笔"的真实性。这不仅为蔡京等权臣假借其名义发布命令打开了方便之门,也破坏了权力制衡的制度设计,更将徽宗朝的政治运作推向偏执无度的境况,并最终导致北宋的灭亡。

靖康二年(1127)四月,金军攻破东京(今河南开封),俘虏了宋徽宗、宋钦宗父子以及大量赵氏皇族、后宫妃嫔与贵卿、朝臣等三千余人,押解北上,开封城中公私积蓄为之一空,只有在外募集兵马的徽宗九子康王赵构得以幸免,历史上称之为靖康之耻。靖康之耻直接导致了北宋的灭亡,亦深深刺痛了汉人的内心,南宋名将岳飞在《满江红》中写道:"靖康耻,犹未雪,臣子恨,何时灭!"

宋徽宗坐像

泥马渡康王

康王赵构

赵构(1107—1187),宋朝第十位皇帝,即宋高宗,字德基,在位36年,南宋开国皇帝,宋徽宗赵佶第九子,宋钦宗赵桓异母弟。赵构虽然生于帝王家,但按常理来说,他与皇位的距离相差太远。徽宗共三十一个儿子,他排行第九。生母韦氏,本是宫女,母以子贵,因为皇家诞生男丁而不断升迁。以嫡以长论,皇位都轮不到赵构,但是"靖康之变"的特殊历史环境,却将徽宗诸子中的漏网之鱼康王赵构推上了政治舞台,后来又成为重建宋政权的不二人选。北宋钦宗靖康元年(1126)春,金兵第一次包围开封府时,赵构曾以亲王身份在金营中短期为人质。因曾深入敌营,见识了金兵的强悍,这在他的一生中留下了不可磨灭的印象。当年冬,金兵再次南下,他奉命出使金营求和,在河北磁州(今属河北磁县)被守臣宗泽劝阻留下,于是得以免遭成为金兵俘虏。金兵第二次包围开封府时,赵构被封为河北兵马大元帅(《宋史·本纪》称赵构为天下兵马大元帅),宋廷命令赵构率河北兵马救援京师,但他却移屯北京大名府(今河北大名),继又转移至东平府(今属山东),以避敌锋。后又经单州跑到南京应天府(今河南商丘),暂时安顿下来。

靖康二年(1127)五月一日,作为"赵氏孤儿"的赵构在应天府称帝,改元建炎,重新建立临时政权。按他的出身来看绝无可能发生的事,居然成真。但这个皇帝绝不好当,他作为徽宗皇子中最为普通的一员,未尝"练政",而面临的则是一个风雨飘摇、几近失控

宋高宗像

的国家。一个完全散乱的国家要重新扶持起来,需要过人的耐心和杰出的政治才能,但当前最为紧要的则是逃离金人强烈攻击的范围即河北、河东地区,所以高宗一行人马一直向南逃跑,最终转移到浙江沿海。后来局势稳定,选择临安府(今杭州)作为行在,重建大宋政权。"泥马渡康王"的传说就是赵构躲避金兵追杀的路上的故事。

泥马渡康王

北宋靖康二年,金军攻破东京汴梁后,掳徽、钦二帝北撤。时金国完颜皇帝降旨,将二帝幽禁于北国五国城。随即又派皇子斡离不(完颜宗望)南下入侵江南地区。斡离不点起金兵十万,从太原进发。金军的骑兵一路南下,百姓如惊弓之鸟,四处逃生。金军走到河北真定,斡离不听说自从宋朝二帝被俘后,朝臣们推举康王赵构主持朝政,便生一计,派人给赵构送信,让他到军中议和,方可

宋代持莲戏毯双童子 文物现藏于首都博物馆

退兵。否则大军到了汴梁,寸草不生。赵构接书后十分慌乱,和大臣商量,有一个叫王云的奸臣,是金国内奸,欺骗赵构说为了社稷苍生理应前去议和。赵构生性柔懦,自身并没有主见,所以听信了王云之言,不顾其他朝臣的劝阻,命王云为副使,和他一起前去议和。但临上车时,赵构想想不对劲,又不想去了。于是,王云就用金兵强大、彼强我弱为借口,胁迫康王上车,一点儿都不遵循君臣之礼,送行的大臣们一个个恨得牙根痒痒的。一行人走到相州时,

遇到宗正少卿宗泽,宗泽是抗金名将,岳飞的老师。宗泽听说康王要去金营议和,知道是鸿门宴,便拦住赵构,劝阻他不要去议和。王云还希图再次胁迫,被宗泽率军杀死。赵构到这个时候才明白过来,赶忙调转马头就跑。

康王南渡

斡离不一开始听到王云密报,知道赵构上当,还洋洋得意;不久听手下的士兵来报说王云被宗泽所杀,康王跑了。斡离不后悔不已,急忙率军来追,金兵被宗泽拦住,两军一通厮杀。赵构则马不停蹄,不回汴梁,便一路往南逃。他知道金军势大,汴梁经历一番战火后是守不住的。赵构一路不停换马,一直从黄河边跑到了长江边;金军冲破了宋军层层阻拦,也马不停蹄地向南追来。赵构到了江边,马已累死,只得先找个地方歇脚。向逃难的百姓们一打听,才知道是淮南东路泰兴县。当时泰兴县还没有西乡的过船、蒋华、大生等镇,长江紧挨着县城。因为早就听传金兵要来,县官及大部分百姓早就逃过江去了,留下了一座空城,只有城中的一座小寺院还有两个留着看庙的老僧。寺院门前有两匹泥塑的马,看匾额名叫"圆悟堂"。康王走了进去,也没人招呼,精疲力尽的他一屁股坐在大殿的蒲团上稍作休息。回过神来后,他环顾四周,只见彩塑的佛陀菩萨像庄严华丽,墙上壁画精美绝伦,便生了欢喜爱慕之心。于是撩起衣袍跪倒在佛像前暗暗祈祷,恳求佛祖菩萨保佑他脱此大难,日后必定重整河山、保境安民,重修庙宇,再塑金身。

赵构许愿之后,便倒在了蒲团上呼呼大睡。二更时分,有几个金军的骑兵闯了进来,举起火把,四下搜寻。康王惊醒,忙躲于佛像身后,瑟瑟发抖。一会儿,听见有人说,只有两个老和尚,其他什

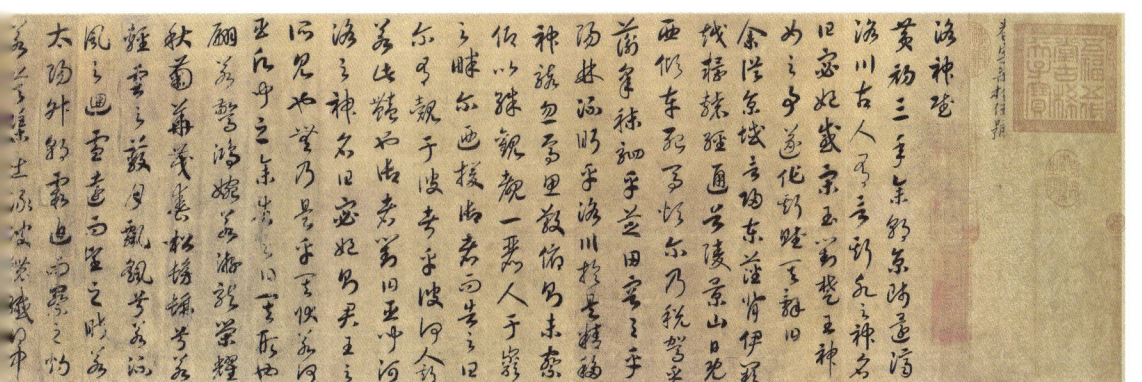

宋高宗草书《洛神赋卷》（局部） 原件现藏于辽宁省博物馆

么人也没有。"一定是过江去了，快追！"金兵们急忙拥出寺院上马走了。康王始安下心来，躺在佛像身后朦胧欲睡。忽然听见耳边有人大喊："快起来上马，追兵又来了！"赵构吓得跳了起来，茫然说道："马已累死了，叫我如何跑得过金人铁蹄！"那声音又说："已为你备下马了，大王只顾快马加鞭，不要犹豫了"。赵构急忙跑出寺外，果然有匹骏马打着响鼻立在台阶旁。于是，赵构抽身上马加上三鞭，向城外狂奔。天还没亮，就到了江边，江水滔滔，大浪拍岸，无船无渡，赵构两眼一黑，差点晕了过去。身后已经能够看到金朝追兵的火把，已经能够听到金兵的马蹄声，赵构走到江边一看，到了穷途末路，生死关头。惊慌之下，提起缰绳，向马屁股上狂抽一鞭，想要跳江自尽。只见那马长嘶一声，跳入滔滔江水中，赵构一闭眼，只觉得周围涛声阵阵，水响隆隆，不时有水珠打在脸上，也不敢睁眼，只得听天由命。约过一个时辰后，听见水声变小了，心想莫不是已到了阴曹地府？他壮着胆子睁眼一看，人马俱已站在了江岸上。康王定下神来，一看已到了对岸，全赖佛陀菩萨相助，便松了一口气，下马朝江北遥拜；再牵马时，只见马僵立不动，定睛一看，原来是泰兴圆悟堂前的一匹泥马。康王赶忙又跪下朝浑身是水的泥马拜了三拜,然后起身离去。

赵构走到一个村子,发现腹中饥饿,便向村民讨点吃的,顺便一打听才知道到了常州武进县界。村民告诉他,几个时辰前有几十个金兵骑着马在追一个人,还向他们打听赵构的下落。村民们知道被金兵追的一定是好人,于是哄他们说已过去两天了,那些金兵听了跺着脚说"可惜、可惜",便抢了船回去了。后来,康王赵构一直逃到临安,稳固了新建立的南宋政权,庙号高宗。安顿下来后,他专门派人到江北泰兴县重修了圆悟堂,赐名"庆云禅寺",并一直相承至今。

南宋时期,"泥马渡康王"的传说流行甚广,在涉及靖康、建炎之际的历史著述中多有记载,但其中情节却歧异纷纭,为说不一。有一种说法是,泥马是北方民间信仰神人崔府君的显灵化身,在危急时刻曾协助宋高宗一路南逃,渡过黄河、长江。后来,"泥马渡康王"传说中救助过宋高宗赵构的神人崔府君,受到了南宋的尊崇与封赐,被封赐为"护国显应兴圣普佑真君",临安建立有显应观供奉。然而,"泥马渡康王"故事的流传,与宋高宗"神道设教"、稳定政权的努力息息相关。

宋高宗赵构在重建宋政权的过程中,发挥了不可替代的历史作用。他在位三十六年,有功有过,且功大于过,是一位应该肯定的历史人物。宋高宗畏金如虎,与金朝签订了屈辱的"绍兴和议",特别是杀害民族英雄岳飞,都是其一生不可回避的过失与罪行。但宋高宗勤学、勤政、纳谏、节俭、关心民生、关心农业,他所制定的一系列政策、措施对推动南宋的经济发展、政治清明、文化繁荣、社会安定,都起到了积极作用。

隆兴北伐与开禧北伐

隆兴北伐

隆兴北伐又称隆兴恢复。所谓"恢复",是指南宋孝宗即位以后,为恢复北方中原失地和提高南宋在宋金关系中的地位而进行的军事、外交努力。北伐始于隆兴元年(1163)四月,南宋方面不宣而战,至隆兴二年十一月,以隆兴和议的签订作为结束标志。

宋孝宗赵昚(1127—1194),宋高宗赵构养子,南宋第二位皇帝、宋朝第十一位皇帝(1162—1189年在位)。金主完颜亮败死之后,宋高宗于绍兴三十二年(1162)五月下诏宣布禅位,皇太子赵玮改名赵昚。六月赵昚正式登基,后世普遍认为赵昚是南宋最有作为的皇帝。孝宗在位期间,平反岳飞冤案,起用主战派人士,锐意收复中原;内政上,加强集权,积极整顿吏治,裁汰冗官,惩治贪污,重视农业生产,百姓生活安康,史称"乾淳之治",后世赞许其"卓然为南渡诸帝之称首"。

海陵南侵之后,高宗重新启用了废黜近二十年的主战派代表张浚。孝宗即位后,任命其为江淮宣抚使,并入京共商恢复大计。隆兴元年正月,同时任命张浚为枢密使、都督江淮军马,史浩为右相,陈康伯为左相。

金朝方面,绍兴三十二年(1162)岁末,金世宗完颜雍(完颜乌禄)已经实际掌握了政权并成功扫清了反对势力。他试图与宋讲和,但遭到了南宋方面的拒绝,于是派仆散忠义为都元帅,坐镇开

宋孝宗像

封,统一指挥黄河以南各路金军,对南宋采取以战压和的政策。绍兴三十三年(1163)春,命令大将纥石烈志宁进兵灵璧(今属安徽),同时致书张浚,以战争相威胁。

隆兴元年四月,孝宗为防止反对派干预,径自绕过三省与枢密

院,直接向张浚和诸将下达了北伐的诏令,隆兴北伐正式开始。隆兴元年(1163)四月,赵昚授意枢密使张浚筹划北伐。五月,张浚派濠州(今安徽凤阳)李显忠渡淮出击,先后收复了灵璧、虹县等地,继而又攻占了宿州(今安徽宿县)。后赵昚任命李显忠为淮南、京东、河北招讨使,邵宏渊副之。金军左副元帅纥石烈志宁亲自率兵来攻,先被李显忠击退,后又调兵前来增援。但此时的邵宏渊却按兵不动,还企图动摇军心,甚至有些参战将领带兵临阵脱逃。李显忠孤军奋战,终是难支,最终只好趁着夜色撤离宿州。金军乘势掩杀,宋军大败,死伤不可计数。

北伐失败后,隆兴二年(1164),金世宗为了达到"以战促和"的目的,发兵南下,先后攻占楚州、濠州、滁州等地,并号称渡江南下。在这种情况下,孝宗同意议和,十月双方签订协议。这就是历史上的"隆兴和议",主要内容为:

金宋两国皇帝以叔侄相称;改"岁贡"称"岁币",银、绢各减五万,为二十万两匹;宋割唐(今河南唐河)、邓(今河南邓州东)、海(今江苏连云港)、泗(今江苏盱眙北)四州外,再割商(今陕西商县)、秦(今甘肃天水)二州于金。

开禧北伐

隆兴和议之后,宋金两国维持了四十年的和平。到了宋宁宗时期,首相韩侂胄主持了一场北伐金朝的战争。因发生于宋宁宗开禧年间,所以历史上称之为"开禧北伐"。韩侂胄渐掌大权后,力主抗金,得到了著名抗战派辛弃疾、陆游、叶适等人的支持。同时,宋宁宗对南宋的屈辱地位亦不满,也积极支持韩侂胄的抗金政策。

韩侂胄(1152—1207),字节夫,相州安阳(今河南安阳)人,南宋权相。魏郡王韩琦曾孙,宝宁军承宣使韩诚之子,宪圣皇后吴氏之甥,恭淑皇后韩氏叔祖,宋神宗第三女唐国长公主之孙。韩侂胄以恩荫入仕,淳熙末年以汝州防御使知阁门事。绍熙五年(1194),与知枢密院事赵汝愚等人策划绍熙内禅,拥立宋宁宗赵扩即位,以"翊戴之功",初封开府仪同三司,后官至太师、平章军国事。

韩侂胄任内禁绝朱熹理学,贬谪以宗室赵汝愚为代表的大臣,史称"庆元党禁"。他追封岳飞为鄂王,追削秦桧官爵,力主"开禧北伐",但因军事才能欠缺而功亏一篑。开禧三年(1207),在金国示意下,韩侂胄被杨皇后和史弥远联手设计劫持至玉津园杀死,函首送往金国,两国遂又达成和议。

开禧二年(1206),身为平章军国事的韩侂胄未作充分准备,便贸然发动北伐。宋军纷纷出击,山东京东招抚使郭倪派兵攻宿州(今安徽宿州),建康府(今江苏南京)都统制李爽率部攻寿州(今安徽凤台),江陵府(今属湖北)副都统制皇甫斌攻唐州(今河南唐河),江州(今江西九江)都统制王大节攻蔡州(今河南汝南)。然而金军方面早有准备,故上述宋军进攻皆以失败告终,只有镇江副都统制毕再遇连战皆捷,但也无法转变败局。金军乘胜分路南下,而四川宣抚副使吴曦叛宋降金,割让关外四郡,金朝则封吴曦为蜀王。面临这种不利局势,韩侂胄只好向金朝求和,但因金人提出要斩韩侂胄等人而未果。开禧三年(1207),吴曦之叛被平定,淮南形势也渐平稳,金大将仆散揆又病死军中,形势对宋极其有利。但宋廷内主和派开始阴谋活动,礼部侍郎史弥远与杨皇后、杨次山等勾结,杀死韩侂胄,宋、金罢兵议和。嘉定元年(1208),宋、金订立嘉定和议。嘉定和议规定:

隆兴北伐与开禧北伐

(1) 宋金为"伯(金)侄(宋)之国";

(2) 宋输金岁币由银绢二十万两、匹改为三十万两、匹,并另给金犒军钱三百万贯;

(3) 金归还新侵的土地给宋,双方维持原来的疆界;

(4) 宋将韩侂胄等主持伐金之人的首级献给金。

嘉定和议签订以后,金朝由于北面蒙古人的崛起,面临巨大压力,无力再向南扩张,宋金两国维持了短暂的和平。

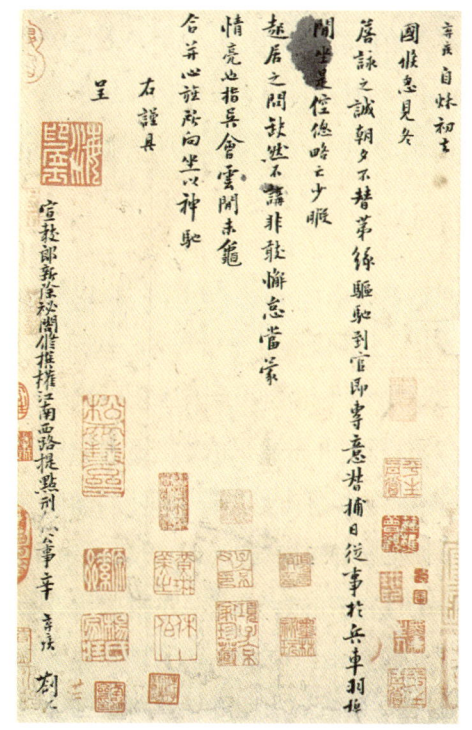

辛弃疾手书《去国帖》,辛弃疾一生致力于恢复北方
原件现藏于故宫博物院

宋夏战争和宋夏和议

北宋自建国开始便处于复杂的民族关系格局之中,其中,历时近百年的宋夏战争,具有高度的代表性,对北宋政治和社会生活的诸多方面造成了深远影响。北宋仁宗时期的宋夏战争与宋夏和议可以说是宋夏关系史上极其重要的一个篇章。

宋夏战争

作为中国古代羌族中的一支,党项族于九世纪末因助唐镇压黄巢起义有功,被封为夏州定难军节度使,赐姓李,统领夏(今陕西靖边东北)、绥(今绥德)、银(今榆林南)、宥(今靖边西)、静(今米脂西北)五州。仁宗朝的西北危机,可以说是太宗朝的遗留问题。面对定难军节度使李氏的领地,太宗有意恢复,将其纳入直接统治疆域。当其节度使李继捧主动内附之际,太宗急于求成,令李氏一族内迁,然而造成族人分裂,李继捧族弟李继迁率领割据势力以武力抵抗。此宋太宗失策之一。而最失策之处莫过于剿抚不恒,首鼠两端,定难军之扰乱,终太宗一朝而不能平。真宗继位以后,北面辽国的威胁日益严重,无暇西顾,竟授李继迁以定难军节度使,相当于承认其割据地位。李继迁坐拥河套的富庶之地,下一步发展的方向是西面。在率军攻打河西走廊重镇西凉府（唐以前凉州，今甘肃武威）时，李继迁兵败受伤，于宋景德元年不治身亡。其子李德明继位，对东、西两面的强敌比较恭顺。在位二十七年间，李德明向西攻取了西凉府和甘州。经过数代人的不懈努力，党项族的疆域范围不断扩大，尤其是李德明时期，实力大增。李德明去世后，其子元昊接管统治权力。李元昊野心勃勃，继位后招纳汉人谋士，创制西夏文字，加强党项贵族专制统治，攻城略地，国境东西超过三千里，并于宝元元年（1038）改姓立号，自称大夏皇帝。次年，他又派遣使臣至开封，奉表上奏，要求宋仁宗"许以西郊之地"，将其"册为南面之君"。元昊的这一挑衅举动，遭到北宋君臣的强烈反对。宋仁宗不仅撕毁了西夏的建国"诏书"，拒不承认西夏的独立，还下诏削夺元昊官爵，取消赐姓，停止互市，悬重赏捕杀元昊；但元昊也已作好战争动员和战争准备，决意对北宋发动大规模进

《番汉合时掌中珠》书影　西夏学者骨勒茂才编撰的西夏文与汉文对照词典，按天、地、人分类，词条注西夏文汉字注音、西夏文、汉文、汉文西夏文字注音。

攻,宋夏之间的战争一触即发。

　　康定元年(1040)正月,元昊集中数万精兵,趁宋军不备,出兵包围延州(今陕西延安)以北要寨金明寨,并发起猛攻。元昊利用诈降之计,打入宋军内部,里应外合,最终袭破金明寨,擒获宋军主将李士彬。攻占金明寨之后,夏军乘胜围攻延州。至三川口(今陕西安塞东),由于主将刘平等人轻敌,宋军陷入元昊预先设好的埋伏圈,激战中刘平不幸受伤,与石元孙同时被俘,宋军大败。所幸天降大雪,夏军遭遇补给困难,无奈退兵,延州得以保全。

　　面对三川口的惨败和夏军的步步紧逼,宋廷方始认真备战,任命夏竦为陕西路经略安抚使,韩琦、范仲淹为副使,共同迎战,处理西夏事务。新上任的韩、范等人,采取相应防御措施,充实防御力量,稳定了宋夏边境局势。但也出现了一个重要的问题即主帅意见不合,韩琦主张主动进攻,尽快结束战争,以挽回朝廷面子;范仲淹主张积极防御,打持久战。当宋朝君臣还在为是攻是守以及如何进兵争论不休之际,元昊却再次抢先发动了第二次大规模进攻。庆历元年(1041)二月,元昊亲自率领10万大军自天都山出发,深入宋境,准备同泾原路宋军主力决战,韩琦则招募士兵,积极应战。元昊命令部分夏军伪败,而主力在好水川地区摆好阵势,等待宋军的到来。宋将任福不知是计,全力紧追,中了元昊的诱兵之计,遂大败。此战,宋军遭到开战以来最为惨重的失败。两次大败后,宋廷完全失去了进攻的勇气,被迫采取守势。庆历二年(1042)闰九月,元昊又一次于天都山举兵,分东、西两路进军泾原路,并企图进窥关中。泾原路主帅王沿急忙派大将葛怀敏率兵阻击夏军于定川寨,结果在此处被夏军包围,战败。此役,宋方兵马损失惨重,真可

宋夏战争和宋夏和议

谓"一战不如一战"。之后,夏军乘势南下,大掠而还。

三次大战,宋军连遭惨败,损失严重,给国家财政和社会经济造成巨大伤害,宋确实是再无余力在西北进行大规模的战争,但西夏也已尽其全力,因连年征战,国力疲困,更经不起人员和物力的损耗。所以,宋固然一意求和,西夏方面也在寻找下台阶的机会。只是双方开出的条件,无法取得一致。最后,宋方竟然邀请辽介入此事,以第三方的压力来结束这尴尬的不战不和的局面,这是当时宋、辽、夏三边关系中非常奇特的一幕。

宋夏议和

宋、夏战争停止了,但辽、夏关系却迅速恶化。在西夏势力扩

位于今内蒙古额济纳旗的黑水城遗址,始建于公元九世纪西夏时期

张的过程中,一直得到辽的支持,因为西夏所要发展的方向,不是向南,即是向西,与辽不会产生冲突。辽与西夏之间存在和亲关系,先后将公主下嫁李继迁、李元昊,并长期以西夏的宗主国自居。不过,随着西夏在元昊时期迅速崛起,它有意将河套周围的党项部族纳入自己的统治之中,而这些部族原先分属于宋、辽、夏三方。在南部边境,西夏占据优势,原先附属于宋的吐蕃大部为夏所夺。在东部边境,西夏原先慑于辽的力量而采取退让之策,后逐渐转变策略,暗暗引诱蕃落投附自己。辽方的谍报人员不难获得上述信息,辽也渐渐顾忌西夏的迅速强大。因此,在辽介入宋、夏纠纷之前,它与西夏的关系也不如以前那么融洽、和睦了。于是,辽派遣大军驻防西夏边境。此后,辽、夏之间发生了两次规模较大的战争,结果仍以西夏屈服、称藩如旧而结束。

经过谈判,宋夏双方于庆历四年(1044)五月签订合约,史称"宋夏和议"。元昊取消帝号,宋册封其为夏国主,许自置官属;宋每年赐给夏绢13万匹,银5万两,茶3万斤,许重开沿边榷场贸易。此后,宋夏维持了一段时间的和平,时战时和,以和为主,这一时期的边疆经济文化交流频繁。

宋康定元年(1040)至辽重熙十九年(1050)十年间,夏与宋、辽之间分别产生了大规模冲突,战争平息之后,在东亚出现了一个次大国同时向两个大国称臣的体制,而且其间两大国甚至联手保证次大国的从属地位。大国之间如此"亲密无间"的关系,在历史上实属罕见。但其主要原因在于,次大国有可能成长为第三个大国,而这不是当时宋、辽、夏关系的秩序决定者所乐意看到的。宋、辽双方都没有将西夏当作心腹之患,而真正要警惕的则是宋、辽之间的关系。

襄阳保卫战与崖山海战

端平元年(1234)正月,立国一百二十年的金朝在宋、蒙联军的攻击下,最终走向灭亡。金朝的灭亡,使南宋报了百年之仇,对南宋而言,确实是一件快事。为此,宋廷举行了一系列的庆典,朝廷上下沉浸在一片欢乐气氛之中。但此时的南宋已面临着一个比金朝更为强大、更具侵略性的蒙古汗国的严重威胁,以往南宋、金、蒙古三国并立的局面已经演变为宋、蒙对峙的格局。当时的形势,几乎与辽朝灭亡,北宋收复燕云,又面临虎视眈眈的金人威胁时一模一样。

襄阳保卫战

当时史弥远已死,宋理宗亲政不久,颇想有所作为,对收复失地,以完成祖宗未竟之事业,怀有一种侥幸的心理,而对蒙古威胁的严重性认识不足,于是支持出兵河南、收复中原。端平元年五月,理宗授赵葵为收复"三京"的主帅,率宋军主力五万人渡淮北上。宋军虽一度攻入开封、洛阳,但由于后勤补给不足、前线将领不协调等因素,最终被蒙古军打败,宋军纷纷撤退,史称"端平入洛"的军事冒险行动就这样失败了。

"端平入洛"之师的失败,后果十分严重。首先,它激化了与蒙古的矛盾,为蒙古大举进攻南宋提供了口实,给南宋提早带来了边患。其次,它极大地削弱了南宋的国防力量。由于入洛之师的溃败,宋军伤亡惨重,大量器甲、舟车、粮食全部留在敌境,造成江淮空虚,无力防御。第三,它加重了统治集团内部的纷争。入洛失败后,原来反对出师河南的官员不是总结经验教训,精诚团结,而是再一次互相攻击,主战者固然消极灰心,主守者也提不出任何对敌良策,于是造成朝政的更大混乱。

端平二年(1235)春,蒙古大汗窝阔台集合了蒙古、女真、西夏、渤海等各部人马,共计50万以上,兵分三路攻宋,开始了历时45年的灭宋战争。襄阳保卫战是宋元战争重要战役之一。

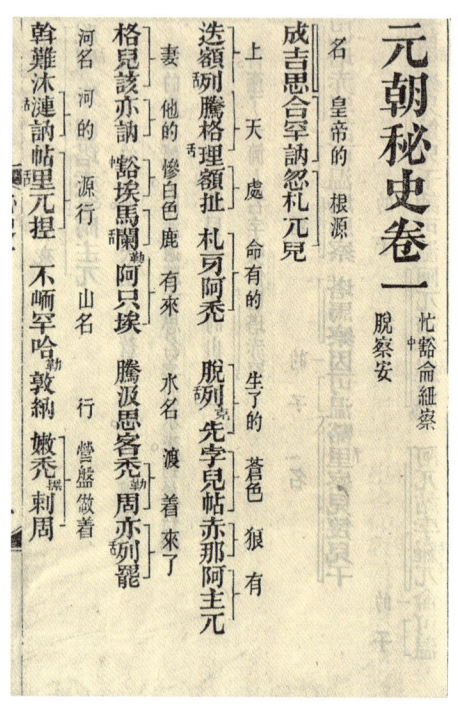

《元朝秘史》书影
本书记录了大蒙古国早期的重要历史

襄阳和樊城地处长江最大支流汉江上游的南阳盆地南端,襄阳、樊城南北夹汉水互为依存,"跨连荆豫,控扼南北",地势十分险要,是南宋抵抗蒙古军队的边防重镇。咸淳三年(1267)十一月,刘整向忽必烈提出了先取襄阳、再攻临安的亡宋战略,被忽必烈采纳。同年,吕文德允许蒙古军在樊城外置榷场(边境贸易场所)。于是乎,蒙古军在短时间内进筑起了堡垒,一下子断绝了襄、樊的粮道。咸淳四年(1268),忽必烈派阿朮为主将、刘整为副将,率领蒙古军和降蒙的南宋水师攻打襄、樊。宋廷调集大军援助襄、樊。咸淳五年(1269)三月,两淮都统张世杰率舟师最先赶到襄、樊,与蒙古军在襄阳东南的汉江上进行了一场大战,张世杰不敌蒙军,被迫退回。随后赶到的四川安抚制置使夏贵,利用春季汉水暴涨,以战船将粮衣等物资送入襄阳城内。同年六月,荆鄂都统唐永坚自襄阳城杀出,结果兵败被俘投降。同年七月,夏贵率5万军队、3千艘战船,再度增援襄阳。此次却遭沿江蒙军的猛烈阻击,增援未果。同年十二月,吕文德病故,宋军京湖战场失去了最具威望的军事指挥官。

宋军凭借襄、樊夹汉水、地险城固的有利地形,守备措施充分,物资储备丰富,虽然围困襄、樊的蒙古军增至10万,但依然难以轻易拿下襄樊。元军遂采取长期围困的方式,不断缩小包围圈。咸淳六年(1270),李庭芝督战增援襄阳,不利。咸淳八年(1272),李庭芝进驻湖北钟祥,同年五月,以张顺、张贵为统帅率师逆汉水而上,冲破元军重围,弓箭射伤蒙古军副帅刘整,并于25日抵襄。入襄后,张贵率军突围,却大败而回。战斗中张贵重伤被俘,至死不屈。至此,南宋5年8次15万水兵为主的救援行动,由于兵力分散,失败居多。此时襄、樊两城已经物资紧缺,陷入困境。蒙古帅阿朮及史天泽听从张弘范与水军总管张禧的建策,新训水兵7万,发动对襄、樊的水陆夹击,并使用回回砲攻城,樊城破。咸淳九年(1273)正月,元军破樊城后大杀,宋守将范天顺誓死不投降,自缢身亡;牛富率百余勇士巷战,重伤投火自尽。蒙古军帅阿朮感慨,要求襄阳愿降可全城安全。樊城陷落,襄阳再无所恃,粮柴短缺,士气低落,同年,二月,宋将吕文焕降元,历时38年的襄阳保卫战正式结束。数万人被掠走,30万石粮食、24库精良兵械,尽入敌手。襄阳失守后不到一年,宋京西南路大部失陷。后来,蒙古大军沿着长江东下,兵锋直指东南都城临安。

崖山海战

清代《古圣贤像传略》中的陆秀夫像
陆秀夫曾任左丞相

元军攻陷南宋都城临安之后,陆秀夫、张世杰等人向东南迁移,组建成流亡政权。进入广东后,由于张世杰打不开通往占城(今越南南半部)的海道,企图攻取雷州半岛作为流亡政权的复兴基地,但几次攻打均遭到失败,于是将流亡政权迁到了崖山(今广东新会崖门附近)。崖山在海中,由两座小山组成,"两山相对,势颇宽广,中有一港,其口如门,可以藏舟",张世杰以为此处是"形胜之地",暂可作为抗击蒙元的基地。

崖山海战,又称崖门战役、崖门之役、崖山之战、崖门海战等,是1279年(南宋祥兴二年、元至元十六年),宋朝军队与蒙古军队在崖山进行的一场大规模海战,也是古代中国少见的大海战。崖山海战直接关系到南宋的存亡,因此也是宋元之间的大决战。战争最后的结果是元军以少胜多,宋军全军覆灭。南宋灭国之际,宰相陆秀夫背着少帝赵昺投海自尽,许多忠臣烈士追随其后,十万军民跳海殉国。此次战役之后,赵宋皇朝陨落,同时也意味着南宋残余势力的彻底灭亡,蒙元最终统一整个中国。

祥兴二年(1279)正月,张弘范率元军攻至崖门,元军浩浩荡荡陆续抵达崖山,对南宋形成三面包围之势。面对巨大压力,张世杰昼夜苦思破敌之策。有一幕僚向张世杰建议应该先占领海湾出口,保护向西方的撤退路线。张世杰为防止士兵逃亡,否决建议,并下令尽焚陆地上的宫殿、房屋、据点;又下令将千多艘宋军船只以"连环船"的办法用粗绳索一字形连贯在海湾内,并且安排赵昺的"龙舟"放在军队中间。元军以小船载茅草和膏脂等易燃物品,乘风纵火冲向宋船。但宋船皆涂泥,并在每条船上横放一根长木,以抵御元军的火攻。元朝水师火攻不成,遂封锁海湾,又以陆军断绝宋军汲水及砍柴的道路。宋军吃干粮十余日,淡水不足,饮海水之士兵呕泄不止。张世杰率苏刘义和方兴日大战元军,张弘范擒获张世杰外甥韩某,以其向张世杰三次招降,不果。

祥兴二年(1279)二月六日,张弘范预备猛攻,元军中有建议先用火炮,弘范认为火炮可以打乱宋军的一字阵型,令其容易撤退。第二日,张弘范将其军分成四份,宋军的东、南、北三面皆驻一军;弘范自领一军与宋军相去一里余,并以奏乐为总攻讯号。首先,北军乘潮进攻宋军北边失败,李恒等顺潮而退。元军假装奏乐,宋军听后以为元军正在宴会,稍微松懈了。正午时段,张弘范的水师于正面进攻,接着用布遮蔽预先建成并埋下伏兵的船楼,以鸣金为进攻讯号。各伏兵负盾俯伏,在矢雨下驶近宋船。两边船舰接近,元军鸣金撤布交战,一时间连破七艘宋船。宋师大败,元军一路打到宋军中央。这时张世杰见大势已去,抽调精兵,和苏刘义带领余部十余只船舰斩断大索夺港、突围而去。宰相陆秀夫见事不可为,仗剑逼迫自己妻子、儿女投海自尽,再奔至皇帝赵昺的座船,背起八岁的小皇帝赵昺投海而死,后宫、官员、将士随之仿效,纷纷投海自尽,"死溺者数万人"。南宋军民长达四十五年之久、英勇不屈的抗元战争,最后终于落下了帷幕。

祥兴二年(1279)三月十九日,崖山海战结束,历时三百余年的大宋王朝宣告灭亡。

清丁善长绘《历代画像传》中收录的陆秀夫

留取丹心照汗青：状元宰相文天祥

当我们忽略一些诗歌的创作背景时，是无论如何也不能体会出诗歌里饱含的血泪。《过零丁洋》是南宋政治家、诗人文天祥所作的一首七言律诗。南宋祥兴元年（1278），他在抵抗元朝军队失败被俘后，在广东零丁洋（今伶仃洋）的元朝军舰上作了这首诗。这首诗写道："辛苦遭逢起一经，干戈寥落四周星。山河破碎风飘絮，身世浮沉雨打萍。惶恐滩头说惶恐，零丁洋里叹零丁。人生自古谁无死？留取丹心照汗青。"诗的前六句描述了自己的身世，渲染了愤闷悲苦的心情，而后两句笔锋一转，直抒忠于宋朝、宁死不屈的决心。

这是一首千古流芳的诗篇，表现了文天祥的爱国主义精神。对于宋元之际那个大变革的时代而言，个人的飘零与山河的破碎，生命与理想在注定悲剧的时间里碰撞，选择哪一项都不是错误。但是，文天祥选择了舍生取义，慨然写出"人生自古谁无死，留取丹心照汗青"的气魄诗篇。由此可见，用生命捍卫的理想更为惊心动魄，亦足以荡气回肠，气贯长虹。

宦海浮沉

文天祥，初名云孙，字宋瑞，又字履善，自号浮休道人、文山；生于南宋端平三年（1236），卒于元至元十九年（1283），吉州庐陵（今江西吉安县）人。其生平事迹为后人所称道，与陆秀夫、张世杰并称为"宋末三杰"。

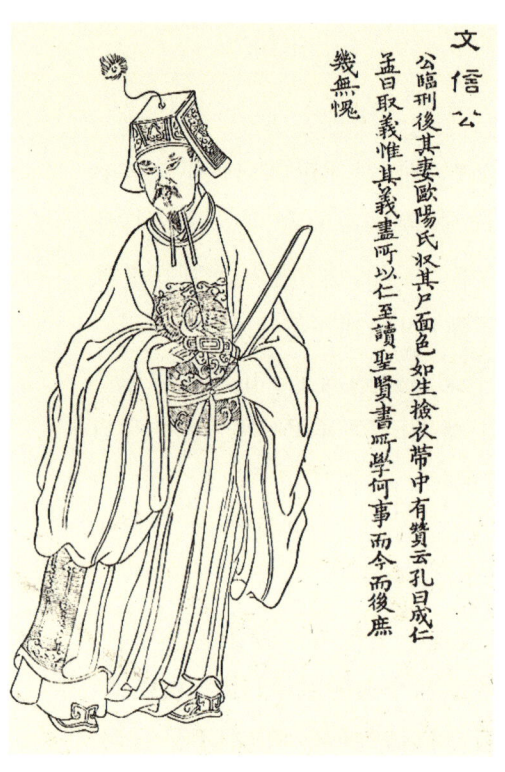

清代《晚笑堂竹庄画传》中的文天祥像

文天祥幼年时文辞出众，父亲文仪嗜书如命，酷爱读书，并立下读书治世的远大志向，这对文天祥的影响非常深刻。文天祥特别仰慕英雄人物，在吉州学宫中看到欧阳修、杨邦乂、胡铨的遗像陈列其中，且谥号皆为忠，他便立誓长大以后要向这些先贤义士学习。南宋宝祐四年（1256），他参加殿试，被南宋理宗钦定为一甲第一名，高中状元，当时年仅二十一岁。他的策论议论卓绝，既合乎先贤之大道，又有坚如磐石的忠君爱国之情。但当时朝廷内部权奸当政，北方蒙元军队开始大规模入侵，于是他不断上书进谏，然而却不被采纳。文天祥的改革理想落空，既不愿尸位素餐,又不屑同流合污,只能暂且置身于政治漩涡之外。同时,他仍然竭尽所能忠君报国,景定四年(1263),赴任瑞州(今江西高安市),瑞州在他的治理下百废待兴、欣欣向荣。咸淳十年(1274),被委任为赣州(今江西境内)知州,赣州在他的治理之下出现了短暂的安乐景象。此时距蒙古大举压境只剩下不到一年的时间,南宋已经到了最为危急的时刻,文天祥终于结束了其长达十五年的宦海沉浮,开始了戎马倥偬的生涯。

南宋德祐元年(1275)正月,文天祥接到诏书,命他召集勤王之师,接到诏书之后,他火速征募义勇之士,筹集粮饷并捐出全部家财充作军费,并将母亲和家人送到弟弟处赡养,以示毁家纾难。最终,文天祥组织了三万多人的兵马,开始了起兵勤王的军事生涯。他的友人曾对他说:"现在蒙古军队以三路进兵,你只有区区三万人马,这就像是驱动羊群去与猛虎争斗。"文天祥答道:"受君之恩,食国之禄,应该以死报国。"此后,他开始奔赴前线,阻击蒙元大军,但宋朝的覆亡已不是他个人所能阻止。他组织了多次保卫战役,均宣告失败,而此时的朝廷又陷入了主战与主和的争论,文天祥、张世杰主战,两人联名奏请朝廷背城一战,危中求安。然而主和派则加紧策划议降,太皇太后谢道清准备了投降书。德祐二年(1276),文天祥出使蒙元大营,为蒙元军统帅伯颜所扣,并被押送元大都,途中在镇江(今江苏镇江)使计逃出,一路经真州(今江苏仪征市,即扬州市西南)、扬州(今江苏扬州)、泰州(今江苏泰州),最终到达通州(今江苏南通),拥立益王登位,改元景炎,是为宋端宗。此后他招兵筹饷,组建了一支督府军,但是他们的实力远远逊于蒙元军队,在战斗过程中尽管也曾收复过失地,取得了短暂的胜利，但最终在祥兴元年（1278）文天祥于五坡岭（今属广东海丰）为蒙古铁骑所俘，自杀殉国失败。

留取丹心照汗青

崖山海战之后，他被押送回元大都（今北京），开始了长达三年两个月的囚禁生涯，即从元至元十六年（1279）十月抵达大都到元至元十九年（1283）从容就义。这段时间，蒙元统治者用尽各种手段希望能够劝降文天祥，甚至连元世祖忽必烈亲自出面也未能说服他。整个过程中，参与人物之多、威逼利诱的手段之毒、许诺的条件之优厚、等待的时间之长久，都远远超过了其他的宋臣。例如元朝丞相博罗曾前来劝降，文天祥则不亢不卑，丝毫不肯屈服。博罗问他："汝有何谈？"文天祥回答道："天下事有兴有废，自古帝王以及将相，灭亡诛戮，何代无之？天祥今日忠于宋氏社稷，以至于

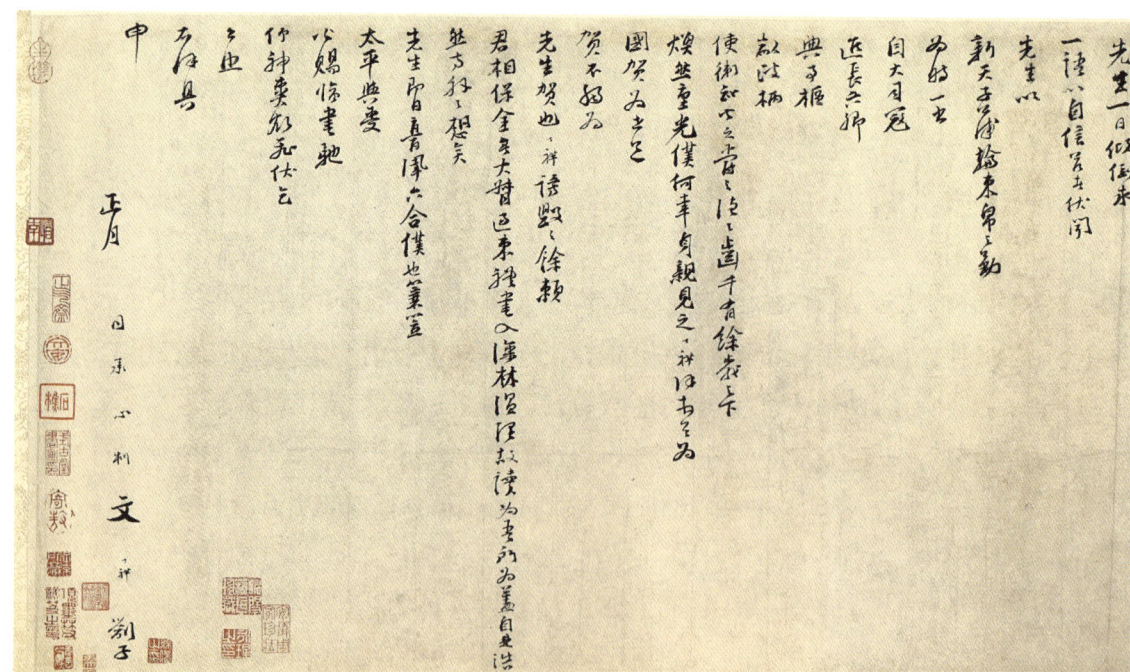

文天祥书《上宏斋帖》卷（局部）　原件现藏于故宫博物院

此,幸早施行。"博罗要他说一说自盘古至今有几帝几王,文天祥不屑一顾地说:"一部十七史,从何处说起?我今日非赴博学鸿词科,不暇泛言。"博罗又问他,你既然明知宋朝已不可救,为何还要坚持这样做?文天祥答道:"人臣事君,如子事父。父不幸有疾,虽明知不可为,岂有不下药之理?尽吾心焉。不可救,则天命也。今日天祥至此有死而已,何必多言!"博罗听了虽然又气又恨,但也无可奈何。

元至元十九年(1283)十二月初九,文天祥从容赴死,行刑前问明南方所在方向拜了几拜,终年四十八岁。文天祥殉难以后,人们通过各种方式来纪念他,他的文集、传记、诗歌也逐渐流传开来,历久不衰,并传至邻国朝鲜、日本。文天祥《绝命词》写道:"孔曰成仁,孟曰取义,唯其义尽,所以仁至。读圣贤书,所学何事?而今而后,庶几无愧。"其意思是说,读了这么多圣贤书,是为了什么?就是仁和义,做到这两点,就问心无愧了。他的一生,可谓仁至义尽,无愧于天地、无愧于日月。其浩然正气,可与世长存!

读者可能也看到了,文天祥原本是南宋的丞相,在元朝灭亡南宋的战争中,他不像其他多数人一样投降元朝(同样是"状元宰相"的留梦炎,曾经为度宗讲解过儒家经典,却率先投降了元朝),而是坚贞不屈,视死如归,他热爱自己的国家——南宋,拼死反抗南宋的敌国——元朝,表现了崇高的民族气节和爱国主义精神。

在传统王朝里,南宋是士大夫和知识分子在气节上最为突出、对故国感情最为深厚的一个朝代,这或许可以作为南宋一贯执行优待士大夫的政策在政治上获得的一个回报。

六合之内为一统：
成吉思汗建立大蒙古国

蒙古人在诞生过程中有一个非常重要的阶段，那就是在草原上东征西讨，战胜了很多的部落，这个环节是最为关键和最为重要的，最后这些部落都统一在蒙古部的旗帜之下，才有了今天的蒙古族。这一节我们就要详细地讲述一下这个过程。

成为大汗

在那个遥远的 12 世纪，正是蒙古高原上最为混乱的时代，当时有很多部落生活在蒙古高原的各个地区，他们为了生存，为了更好地满足自己衣食住行的需要，不得不到处抢掠，草原上物资很匮乏，而且经常受到天气和自然环境的影响，他们的孩子、老人吃不饱穿不暖，饿着肚子可真是没法在草原上活下去。没有办法，身强力壮的男人们只能出去抢夺其他部落的粮食和物资，于是各个相邻的部落之间经常发生战争。他们还会为了占领更多的土地去驱赶其他部落，因为只有占领了尽可能广阔的土地，才能够有更大面积的草原来蓄养羊群，才能让牧人们有一个好的生活。

首先，蒙古部与其相邻的塔塔儿部是一对世代为仇的冤家，他们互相之间长期进行着无休止的争斗。1162 年，蒙古部落的少年

六合之内为一统：成吉思汗建立大蒙古国

英雄铁木真出生了，可是很不幸，由于蒙古与塔塔儿的世仇，铁木真的童年和青年时代就是在这种动乱的岁月中度过的。铁木真的父亲也速该当时是蒙古部的首领。在铁木真九岁的时候，有一次也速该带着铁木真去拜访与他们交好的邻居弘吉剌部，目的是给铁木真相亲，早早定下婚事。草原上的民族往往很早就订婚，因为通过订婚可以把其他部落联合起来，组成联盟，这样势力强大以后，才不会害怕其他敌对部落的欺负。婚事倒是定得很顺利，弘吉剌部首领德薛禅同意将来把女儿孛儿帖嫁给铁木真。结果在返回的路上，也速该受到塔塔儿人的蛊惑，喝了毒酒被害死了。

元太祖像

也速该的突然死亡直接造成了蒙古部的严重分裂。其中，由泰亦赤兀部带头，各个部落纷纷脱离铁木真家族的统治，或独自去游牧，或寻找新的主人，只剩下铁木真一家孤儿寡母。铁木真兄弟几个和妹妹在母亲诃额仑的带领下，坚强地活下去，日子过得很艰难。铁木真为了联合更多的力量，便去找弘吉剌部的首领德薛禅，好在弘吉剌部没有因为铁木真一家的悲惨遭遇而背弃婚约,这是蒙古民族的一个优良传统——恪守信义。于是,德薛禅按照他和铁木真父亲也速该生前的约定,让他的女儿孛儿帖与铁木真正式结婚。

为了壮大自己,打败敌人,铁木真开始利用草原上各个部落之间的矛盾,先慢慢取得一些部落的支持,以便联合他们,壮大自己之后能够和那些无法团结的部落作战。他首先向克烈部首领脱斡邻勒(也写作脱斡邻、脱怜、脱里)表示友好的诚意,给克烈部首领们赠送了一些礼物,得到礼物的克烈部首领脱斡邻勒高兴地答应了与铁木真的联合。此外,铁木真还争取了札答剌部首领札木合的支持,为了表示信任和亲近的关系,铁木真与扎木合按照草原上的习俗,共同结为安答(蒙古语"兄弟")。这样,铁木真联合了克烈部和札答剌部,这两个部落虽然很强大,但是他们很愿意与铁木真联合,因为他们可以在打败别的部落之后,分到丰厚的战利品。于是,他们三方共同出兵,一举击败了蔑儿乞部,铁木真借此壮大了自己的实力。

公元1189年,壮大势力之后的铁木真,被一些有名望的蒙古部贵族如阿勒坦、忽察儿、撒察别乞等人共同拥立为蒙古部的大汗(蒙古语称为"古儿汗")。铁木真带领蒙古人开启了一个新时代,蒙古部落从此壮大了起来,成为大草原上一股不可忽视的力量。

丰满羽翼

铁木真这个大汗的名号不是所有人都乐于臣服的,尤其是撒察别乞等人就不愿意服从他的指挥。这同时也引起了他的同盟札答剌部首领札木合的不满。公元1190年,札木合集结他所能调动

六合之内为一统：成吉思汗建立大蒙古国

的十三个部落的士兵，联合起来进攻铁木真。铁木真便以蒙古部一部之长的身份，把自己的部众和各个氏族贵族的兵力也组成十三个军团，共三万人，与札木合在一个叫作答兰版朱思（今克鲁伦河畔）的地方展开了历史上著名的"十三翼之战"。虽然会战的结果是铁木真战败。但是，由于札木合不得人心，残酷地对待战俘，使铁木真方面赢得了更多部众的支持，很多百姓反而从获胜的扎木合一方偷偷跑到了铁木真那里。于是，战败的铁木真反而成为战后的赢家，实力渐渐增强。

塔塔儿部是当时草原上实力很强的部落，经常侵掠蒙古等部落，铁木真的几代先祖和他的父亲都死于塔塔儿部之手，因此铁木

草原上的牧羊犬

元代陶俑

真与他们有着不共戴天的世仇。此时恰逢金朝讨伐塔塔儿部的叛乱,正好给铁木真提供了复仇和壮大自己力量的契机,他的参战与自己的战略谋划是完全一致的。明昌七年(1196)六月间,弘吉剌部不服从管理,杀害了金朝的一些地方官,金朝决定第二次征伐北方草原上这些不听话的部落。完颜襄派完颜安国进攻弘吉剌部,大败之并缴获了很多物资。又派遣完颜充进军斡鲁速城,接着又命令瑶里孛特统率东路军进击塔塔儿部,结果没承想反被围困在克鲁伦河,三天都没法出来。完颜襄于是率领西路军昼夜兼程赶到战场,在克鲁伦河一带大败塔塔儿部。塔塔儿部溃败的部众向浯勒札河(今蒙古国乌勒吉河)逃奔,金军乘胜追击。铁木真得知这一消息后,认为这是一次壮大自己的机会,于是他立即联络了克烈部共同出击,最终他们擒杀了塔塔儿部首领篾古真薛兀勒图,并夺取了塔塔儿部的大量畜群和财产。

六合之内为一统:成吉思汗建立大蒙古国

金朝丞相完颜襄在得知铁木真与克烈部参战并立下了大功以后,非常高兴,立即根据朝廷的旨意晋封克烈部首领脱斡邻勒为王,封铁木真为札兀惕忽里,这个官职是当时中原王朝经常赐封给北方草原上各个部落首领的名号,汉语通常称为"招讨使""统领官",虽然没有实际的品衔、俸禄和职级,但是对于当时年仅35岁的铁木真来说,这个名义上的官职极大地提升了铁木真在草原上的地位。

铁木真得到金朝的赐封,这就说明金朝已经正式承认铁木真为蒙古部的首领,是掌管蒙古军队的统帅了。从此,铁木真由原来蒙古部的汗,一下子成为金朝的属官。金朝在当时毕竟是中原地区的正统王朝,这样铁木真既可以此名义统率蒙古部的部众和军队,也可以打着金朝的名义发号施令,翦除草原上的其余部落。

根据当时蒙古草原各支力量的对比形势,铁木真首先选择了征服

元代陶俑

蒙古高原东部地区。

金朝泰和元年(1201),札答剌部首领札木合不甘心失败,纠集塔塔儿、弘吉剌、合答斤、山只昆、朵儿边、蔑儿乞、斡亦剌、泰亦赤兀等部集会,共推札木合为古儿汗,向铁木真进攻。铁木真与克烈部的首领王罕在海拉尔河一带打败了札木合的联军,从而控制了呼伦贝尔地区。1202年,铁木真又发动了对塔塔儿残部的战争,结果塔塔儿部有的被歼灭,有的被俘虏,成为蒙古部的属民。对塔塔儿残部的最后战争,标志着蒙古高原的东部地区诸部已被铁木真征服。

克烈部首领王罕看到铁木真日益强盛,感受到了威胁,加上战败投靠他的札木合整天在身边挑拨离间,于是王罕决定对铁木真部率先发动战争。金泰和三年(1203),铁木真与克烈部大战于合兰真沙陀之地(今内蒙古东乌珠穆沁旗北部)。由于王罕所统帅的克烈部实力强盛,所以战斗一开始,兵力少于克烈部的铁木真就处于劣势。终因寡不敌众,铁木真麾下的众军溃败。他们退到班朱尼河畔(今内蒙古新巴尔虎右旗呼伦湖西南克鲁伦河下游附近)。当时河水几乎已经干涸,只有一点点泥汁能够解渴。铁木真看见在这种情况下,还仍然跟从他的人在极端艰难的情况下尚能坚持下去,便举手仰天发誓说:"如果老天能够让我最终成就大业,我一定与大家同甘共苦,如果违背这个誓言,就如同这干涸的河水!"然后,他与大家一同饮下班朱尼河的泥水。此时,铁木真的跟从者一共才19人。在铁木真最困难的时期,除了铁木真的弟弟、妹夫以及兀良合、忙兀部这些最可靠的亲信以外,还有契丹人耶律阿海、耶律秃花,西域人札八儿火者、哈散纳等与他共患难、同生死。

经这一战,铁木真为了保存实力,便将自己的部队撤走,还向

六合之内为一统：成吉思汗建立大蒙古国

王罕求和，但与此同时，他却暗中抓紧扩充实力，寻找机会进行决战。1203年，当他发现克烈部对他们放松了警惕之后，便运用偷袭战术，迅速地包围了克烈部的驻地，经过三天三夜的激战，最终大败克烈部。首领王罕和他的儿子桑昆向西败逃，最终都被杀死。克烈部的败亡是铁木真统一蒙古高原诸部最关键的一步。

消灭克烈部以后，铁木真能够控制地区的西边，就与乃蛮部相接了。乃蛮部是位于蒙古草原西部的强大部落，他们的首领塔阳罕感到了危险，曾经派遣使臣到汪古部说："天上没有两个太阳，人民没有

元代花瓣形錾耳金杯　文物现藏于内蒙古博物院

两位领袖，你如果作为我的右臂来辅佐我，北方这片草原就不难平定了。"汪古部首领阿剌兀思剔吉忽里却把塔阳罕的这个图谋报告给了铁木真，因为汪古部与铁木真住得比较近，和铁木真合作是有好处的。铁木真在1204年向乃蛮部进兵，塔阳罕纠集了蔑儿乞、克烈、塔塔儿、合答斤等残部以及斡亦剌、山只昆等部，在杭爱山与蒙古军队对阵。铁木真击溃乃蛮部联军，擒杀了塔阳罕，他的儿子屈出律向西逃到了西辽境内。乃蛮部的败亡，致使其他的部族有的被迅速击破，有的因害怕而主动归附。至此，铁木真所率领的蒙古部基本上统一了蒙古高原。

雄才大略终成帝业的大汗：忽必烈

忽必烈是成吉思汗的孙子，托雷的第四子，蒙哥的弟弟。他生于1215年，"忽必烈"是蒙古语，意思是"份子"。蒙古人有一个习俗，往往以新生儿遇到的重要人、事或者物，来给这个孩子取名。忽必烈出生的时候，应当是恰巧赶上当时大蒙古国攻城略地之后，获得了大量的战利品，分给各宗王贵族，这很可能是当时最丰盛的一次收获，于是才给他起了这个名字。

"思大有为于天下"

公元1251年，蒙哥继位，为了扩充托雷家族在蒙古贵族中的势力，蒙哥汗支持他的弟弟忽必烈进入了广阔的漠南地区（主要指今天中国内蒙古、东三省、陕甘宁北部、河北北部等地区），管理河南、陕西等地。忽必烈来到金莲川（今内蒙古锡林郭勒盟、河北张家口北部）草原，决定驻在这里，他雄心勃勃地要成就大业。

大蒙古国从北方草原游牧政权向中原王朝治理模式的转变，是一个较为漫长的过程。这个转变最初是从向南发动征服战争开始，并逐渐占领被征服地区，转而开始思考如何长期统治和管辖中原地区。到了蒙哥汗时期，对中原北方地区的占领已保持了长期的稳定,如何长期治理就成为一个重要的问题,而忽必烈驻守漠南地区,便是大蒙古国后来为向建立中原王朝治理模式的元朝转变的重要基础。

《元史》中说他这个时候的状态是"思大有为于天下",说他想成就一番大业,这当然是从他之后事业上的成功而追溯的。他对

清代《圣帝明王善端录》中的元世祖图

中原汉文化充满兴趣,在驻守漠南地区的时候,开始征召天下名士而为其所用,尤其是中原儒家士人。他曾经把汉地的佛教领袖海云禅师邀请到自己的王府讲佛法。海云禅师把徒弟刘秉忠推荐给了忽必烈,刘秉忠从此就跟随着忽必烈,这君臣二人后来成就了一

番伟业。刘秉忠将很多人才都推荐给了忽必烈。以北方的汉族士人为主的儒家群体,也包括契丹、女真和西夏党项人的多民族士人,大家听说忽必烈从善如流,也陆续北上投靠忽必烈,由此形成了著名的"金莲川幕府"。在这些人物的影响下,忽必烈了解到一个广阔的世界,对汉文化有了比较深刻的认识,对安邦治国之道也有了比较充分的准备。

公元1247年,一个著名的汉族士人张德辉受到忽必烈的召唤北上觐见他,在草原上长大的忽必烈不熟悉中原汉地的很多事情,他为了尽快地熟悉,便不停地询问。张德辉觉得这是个好机会,于是他极力地向忽必烈推崇中国传统的儒家文化,同时还趁机向忽必烈举荐了魏璠、元好问、李冶等二十多位士人。此外,为了使忽必烈尊崇孔孟之道,他和元好问等人一块给忽必烈戴上了一个好听的名号——"儒教大宗师"!看来这些汉族士人为了实现自己的政治理想,确实动了不少脑筋。忽必烈在北方做藩王的时候,汉族儒士们很快就把忽必烈视为他们政治利益的代表,开始拥戴他。因为这些北方地区的汉族儒士们也想聚集在一个有前途的贵族周围成就一番大事,正所谓"良禽择木而栖,贤臣择主而事"!忽必烈这些趋向于汉地的蒙古贵族,在汉族士人刘秉忠、赵璧、郝经、张文谦、姚枢、许衡等儒家士人的影响下,逐渐认识到要想能统治中原地区,就必须要实行中原制度,才能长久。在这个基础上,蒙汉两族的上层人士接触越来越频繁,从而成就了元朝这个大一统的时代。

1252年,大蒙古国决定征伐南宋,实现一统全中国的大业。蒙哥汗派遣其弟忽必烈率军绕过南宋进兵西南地区的大理国,以

雄才大略终成帝业的大汗：忽必烈

图对南宋形成包围之势。进攻大理是忽必烈平生第一次接手的重大军事任务，他的父亲和哥哥都是十几岁二十几岁的时候就率军远征了，他的祖父铁木真甚至一生都在征战，而忽必烈这一年已经三十八岁了，他很认真地执行此次出征任务。到大理之前，他派遣使者赴大理国招降，结果使臣反被大理国全部杀死。忽必烈非常愤怒，按照蒙古军的惯例，要发起更大更猛烈的攻击，破城之后还要屠城并杀掉那些抵抗者。蒙古军兵分三路快速地逼向金沙江，在金沙江展开了一战，摧毁了大理国军队的主力。之后，蒙古军如秋风扫落叶一般迅速攻破大理城，但是忽必烈并没有真的屠城，他接受了刘秉忠、姚枢等谋臣的建议，制作了一面写有禁止杀戮的令旗，使得大理居民得以保全性命，忽必烈也因此得到了民心，之后一路势如破竹，攻城略地，很快就平定了大理。这一次出征之所以如此顺利，主要在于忽必烈能够从谏如流，听从别人的意见，善于任人，不仅虚心接受汉族儒家谋臣的意见，他还善于任用蒙古贵族的成名将领，如兀良合台以及后来的灭宋统帅伯颜等等。

元代色目人牵驼俑组合　文物现藏于陕西考古博物馆

登上大汗之位

忽必烈的地位逐渐上升,影响越来越大。他的成功引起蒙哥汗的不安。1257年,蒙哥汗以忽必烈患有腿病为理由,让其留在家中休息并解除了忽必烈的兵权,同时又派官员对忽必烈掌管的漠南地区开展经济调查,这导致忽必烈的属下有很多都受到牵连而入狱。拉施都丁的《史集》记载了这件事。他写道,蒙哥想要南下征讨南宋,但是却突然对忽必烈说:"你的腿有病,你以前已经率军远征,平定了作乱的地区,很辛苦,如今你就在家静养吧。"忽必烈被蒙哥汗指出"有腿病",那就必须有腿病,只能在家休养。以刘秉忠为代表的谋士们还建议忽必烈向蒙哥汗示弱,让他把自己的家人送到蒙哥汗那里,名为定居,实为作人质,以此向蒙哥汗表明自己的忠诚。不久,忽必烈自己也返回漠北大蒙古国的首都哈剌和林,回去以后他向蒙哥汗低头认错,但实际上还是在韬光养晦,寻求机会东山再起。

在漠北闲居一年以后,公元1258年,蒙哥汗亲率大军进攻南宋,东路进攻江淮地区,中路进攻襄樊地区,西路进攻川蜀地区,蒙哥汗自领西路军在川蜀行动。结果三路大军都不太顺利,进展缓慢,尤其是中路军统帅宗王塔察儿,行军缓慢,作战失利。蒙哥汗大为恼火,犹豫再三还是再次命忽必烈接替塔察儿,率领中路军进攻襄樊地区。忽必烈接到命令之后,认真作了准备,率军南下直奔南宋的重点防区鄂州城。到达长江北岸以后就迅速展开进攻。但是,这时候传来了一个惊人的消息,蒙哥汗在率军进攻川蜀的时候去世了!当他听说这个消息之后,手下谋臣将士都劝他赶紧返回草原,去抢先继承汗位。但是忽必烈要求继续进攻鄂州,待完成任务再回去。

然而,这个时候蒙哥和忽必烈的另一个兄弟阿里不哥却开始盯上了汗位,他迅速调动军队开始行动,并积极拉拢蒙古贵族,很快就得到一大批贵族尤其是蒙哥汗的儿子们的支持。到了公元1260年,阿里不哥的同盟军向忽必烈的大本营进军,忽必烈的妻子察必得到消息后立即报告了还在攻打南宋的忽必烈。忽必烈这才意识到问题的严重性,这回他别无选择,决定放弃进攻,立即返回北方去争夺汗位。公元1260年初,从蒙、宋前线匆匆北返的忽必烈抵达燕京(今北京市),此时阿里不哥正在漠北草原,准备召开忽里勒台大会,召集蒙古贵族推举他为大汗。忽必烈感觉不能再拖延了,经过谋臣武将的敦促和支持,他在金莲川草原上新筑的城中(此城后来被命名为上都,与大都城并称为元朝的两座首都)召开部分宗王和将领参加的忽里勒台大会,宣布即大汗位。与此同时,阿里不哥也在漠北召开忽里勒台大会,同时即大汗位。这样,在大蒙古国历史上出现了空前绝后的"天有二日"现象,两个大汗同时存在。

守住大汗之位

这里要交代一下,大蒙古国包括后来的元朝,汗位(皇帝位)的继承与中国历史上其他王朝有所不同,继承皇位之人可以是前任皇帝或大汗的

元代灰陶男侍俑 文物现藏于陕西考古博物馆

兄弟、儿子，也可以是其他支系的后代，没有固定之规。即使前任皇帝指定了继承人，如果继承者没有能力稳定住其他觊觎皇位之人，皇位也照样会被抢走。而有能力继承的人，往往拥有一个很强大的势力集团，才可以通过武力取得并保住皇位。所以，要说元朝的皇位继承制度是什么，那可以说是"武力继承"。整个元朝包括大蒙古国时期，从1227年成吉思汗去世窝阔台即位开始，几乎每一次皇位（汗位）更替，都会发生宫廷争斗甚至军事冲突，流血杀戮不可避免，元朝时期的很多历史现象也都与皇位争夺有关。

回到忽必烈与阿里不哥的皇位争夺战，有了上述的解释，接下来的事就恰好证明了上述这一点。忽必烈一是拉拢蒙古贵族获取更多支持；二是建章立制，为新兴的王朝治理作好各种准备，并积极备战、调运物资；三是调集军队、布置战线准备开战。很快双方在四川、甘肃、陕西一带发生了战争，阿里不哥战败。阿里不哥退回漠北草原，忽必烈掌握了中原汉地绝大部分的物资和军事力量，这是致胜的法宝。随后，双方分别在北方不同的地区展开过几次战斗，阿里不哥的军队在草原上没有忽必烈物资充足，加上支持阿里不哥的人越来越少，争斗到第四年，即1263年的时候，阿里不哥遂彻底宣告放弃。于是他向忽必烈投降，汗位争夺以忽必烈胜利而结束。夺得皇帝宝座的忽必烈，从此以后再也没有面临其他人觊觎皇位的威胁，就这样他当了三十多年的皇帝，直到去世。限于篇幅，本书仅将忽必烈一生中的几件大事重点向读者作了讲述。

忽必烈在蒙元时代的皇帝之中，是当皇帝时间最长的一个，寿命也最长。公元1260年，他即位称帝，从1260年忽必烈即位到1368年元朝灭亡，元朝在中原汉地的统治只有百年历史，与汉、

内蒙古草原风光

唐、宋相比实在不算长。在这期间三分之一的时间都是忽必烈当政,忽必烈去世于1294年,去世以后,庙号世祖。他在漫长的皇帝生涯中,为元朝及其后来的中国历史作了很多开创性的工作。公元1271年,忽必烈建国号"大元",建立两都制度,将大都城(今北京)和上都城(今内蒙古锡林郭勒盟正蓝旗以东元上都遗址古城)作为首都,灭亡南宋、完成统一全中国的大业,制定一系列法律制度。元朝在忽必烈当政期间,是最为强盛的时期。

忽必烈是成吉思汗继承者中最杰出的政治家,他虽然以蒙古大汗的身份继承大蒙古国的汗位,但对成吉思汗、窝阔台等几任大汗的蒙古旧制作了很多的改变和调整。在迁都幽燕地区以后,他建立了与大蒙古国有所不同的元朝政权,逐渐具备了中原汉地王朝的治理模式,使得蒙元王朝最终成为中国历史上一个非常重要的王朝。他平定南宋,最终完成了成吉思汗未完成的一统全中国的大业,结束了自唐末五代以来长达三百多年的分裂割据局面,自元朝以后,中国再未出现大的分裂局面,而是长期保持了高度的统一。

杰出的政治家

忽必烈在执政期间,开创了许多政治、经济和社会文化制度,他首创了行省制度,把江浙、江西、湖广、河南、陕西、甘肃、四川、云南、辽阳等地置于行省的管辖之下。他创立的行御史台和二十二道肃政廉访司等,大大完善了地方监察制度。他实施了帝师、宣政院和政教合一的制度,把西藏第一次纳入中国版图并置于中央政权的统治之下,实现了有效地治理。他第一次在元朝境内统一发行纸币,并开辟了东西南北纵横万里的驿站交通传递制度,开创南粮北运的漕运、海运,大大密切了中国南北方的交通往来,并促进了海上丝绸之路的兴旺发达。

忽必烈重视科学技术,重用回回人扎马鲁丁和汉人郭守敬等各族科学家,支持他们从事位居世界领先水平的天文、历法及水利等的科学研究,使得中国古代传统的科学技术在元代实现了飞跃式的发展。忽必烈实行兼容并包的宗教信仰自由政策,对于藏传佛教、汉地佛教、伊斯兰教、基督教兼容并包、开放包容,同时高度重视儒家文化,在元代形成了一幅百家争鸣、多元文化交融发展的繁荣面貌。

治天下的"工匠"：耶律楚材

耶律楚材生于1190年，卒于1244年，字晋卿，号湛然居士，是十三世纪我国著名的政治家和文人。耶律楚材是辽朝开国皇帝耶律阿保机的九世孙，他是契丹贵族，出身可谓非常高贵。他的前半生生活在金朝，后半生在大蒙古国效力。当时的中国大地上有好几个政权并立，有金朝、蒙古、西夏、南宋和大理、吐蕃等，是中国历史上的大分裂时期。耶律楚材凭借着他的雄才大略，施展了个人才能和抱负，为当时的中国从分裂走向统一做出了自己的贡献。

耶律楚材既是一位文士，也是一位优秀的政治家，他被后世史家誉为"治天下匠"。这句话原本是耶律楚材为了反驳一位对文治不以为然的武将所说的话。当时有一位党项人叫作常八斤，非常善于制作弓矢，由于大蒙古国多有征伐，对于这种善于制作弓矢的人才非常重视。常八斤看不起耶律楚材，说："我们国家崇尚武力，你要讲究文治，岂不是旁门左道吗？"耶律楚材反驳他说："制作弓矢尚需要工匠，治理天下难道不需要治天下的工匠吗？"因此得到大汗的重用。

保护百姓

在金中都(今北京)被围困直至被蒙古大军攻破的前后,耶律楚材全程见证了金朝国运衰败、山河破碎的景象。他始终在思考着国家前途和民众命运,这一切都给这位刚刚走入仕途的知识分子带来了极大的困惑。因此他转而去向佛教禅宗思想靠拢,去思考更深层次的哲学问题。但是,作为一位深受儒家文化影响的北方契丹士人,耶律楚材仍然在寻求该如何积极从政以实现个人的政治理想,他的平生愿望就是"致主泽民",这是一个优秀的政治家应该具备的基本素质。

《古圣贤像传略》中的耶律楚材像
耶律楚材谥文正

公元1218年,耶律楚材被成吉思汗征召,成为他仕途上的一个重要转折点,他立即来到大蒙古国的统治中心成吉思汗的大帐。蒙古军队早期的征服战争中经常屠城杀人,当时耶律楚材就在军中积极地推行禁止屠杀的政策,主张以教化的手段使百姓顺从。金朝的汴京城被蒙古军攻陷以后,窝阔台汗下令屠城。耶律楚材立即进言说,我们进行战争几十年,就是为了得到土地和人民,如果占领了土地以后没有了人民,还有什么用呢?而且城中有很多擅长制作弓矢甲仗的工匠、官吏和富贵人家,如果都杀掉的话,我们在这座城池里面就一无所获了,这是徒劳的。最终说动窝阔台汗停止了屠杀政策。

蒙古统治者占领中国北方地区以后认为"汉人无补于国",不如空出汉人的土地改成牧场算了。耶律楚材坚决反对,他说:"天下有这么大,四海有这么富饶的资源,什么都有,除非您什么都不做,不然怎么能说没用呢?"随后,耶律楚材向窝阔台汗介绍了有关汉地统治的一些重要措施,如地税商税以及酒醋盐铁山泽之利,并向大汗表示,一年之内能够得到"银五十万两、绢八万匹、粟四十万石"等等,这些可都是巨大的财富呀!窝阔台汗于是同意在北方地区征收赋税,并让耶律楚材全权负责此事。耶律楚材在太宗二年(1230)设置了十路征收课税所,课税所长官都由耶律楚材选定,或为其旧友,或为其志同道合的儒士,或为其在金朝同朝为官的旧同僚,他们基本上与耶律楚材有着相似的政治理念和处事方式,与耶律楚材一道组成了一支高素质的为大蒙古国管领中国北方地区的官僚队伍。

耶律楚材曾向窝阔台汗上疏"便宜十八事",其内容主要是主张已被征服的各州郡县设置官吏管理百姓,设立万户统领军队,以此来稳定地方社会秩序;主张存恤中原百姓,禁止地方官吏未经允许就擅行科差征敛赋税劳役;尤其限制蒙古、回回和西夏人,对其种地却不纳税者处以极刑,监守自盗者也要处以死刑,禁止向朝廷贡献各地方物等等,这都是以儒治国的典型体现。

"德治""爱民"是儒家政治文化最为核心的理念之一。耶律楚材在蒙古军队南下的过程中,曾经为了保护民众、延揽人才和维护社会稳定做了大量的努力。公元1232年,窝阔台率军南下渡过黄河之时,曾下令逃匿山林的民众如前来归顺,可免于杀戮。当时有人提出这些百姓急则来降,缓则逃跑,不如全部抓来杀掉。耶律楚材听说后,立即制作了数百面旗帜,发给投降百姓让他们回到家乡,这样避免了归顺之人再次遭到屠杀。耶律楚材还曾经建议将一些原本要被蒙古军队屠杀的百姓作为迁徙的民户,拨给蒙古贵族用作劳役,还可以充实草原地区的人口,这样既能保全原来金朝统治下众多老百姓的生命,又减轻了原本应该承担蒙古贵族劳役的民户负担,还能够解决蒙古贵族的需求,可谓用心良苦。

完善制度

耶律楚材在成吉思汗去世以后,曾作为蒙古宫廷的使臣来到燕京(今北京)负责处理北方地区的事务,由此耶律楚材开始整顿社会治理,按照他的政治理想来实施改革事业。首先是规范社会秩序,因为当时正处在蒙金作战期间,北方大部分地区为大蒙古国所占领。但是由于成吉思汗忙于西征,未能抽出时间管理汉地,因此驻守汉地的蒙古官僚肆意贪暴,造成社会极度混乱。于是耶律楚材下令除非有朝廷的圣旨下达,否则禁止各州郡肆意征发赋税和劳役。对于犯重罪者的处理,一定要上报并通过朝廷的允许方可执行。这一系列举措使得当时的燕京地区逐渐有法可依、有章可循,逐渐步入正轨。

在整顿燕京(今北京城)社会秩序期间,一位行政长官纵容自己的亲戚和世家子弟作盗匪,到处抢劫、杀掠。耶律楚材与蒙古宗王塔察儿一同缉拿了这些盗贼,发现

辽代鎏金银扞腰　扞腰是一种流行于契丹民族的特色服饰,由后向前裹在腰间。文物现藏于辽宁省博物馆。

盗贼们与官员有很密切的关系。塔察儿想为他们开脱免罪，耶律楚材坚决反对，认为如果不严厉地惩罚他们，可能会造成社会动荡、军心动摇，最终危及大蒙古国在汉地的统治。最后塔察儿听从了耶律楚材的意见，将其中带头的16人都予以处死，从而迅速稳定了社会秩序。

蒙古灭金以后，开始对北方地区进行有效治理，其首要的就是进行户口统计工作（当时叫作"括户"），现在叫人口普查。起初，蒙古统治者想以"丁"（即一个人）为单位来统计户口、编定户籍。耶律楚材认为如此仅能收取一年的赋税，一年以后人口都四处逃散，人口会越来越少，所征的税也会相应减少，还会给老百姓造成负担和恐慌。后来经过争取，确定了以"户"为标准编定户籍。此外，耶律楚材还主张各蒙古贵族在战争中俘获的人，应把他们按照现在所生活的州县收为国家的编户，这样使得这些因战争被掠之人摆脱了奴隶的身份，从而有助于稳定社会秩序，还能限制勋贵将领们对百姓的控制，从而加强了中央集权的统治。

耶律楚材对大蒙古国政治统治中的各个领域都展开了改革。如在耶律楚材的主持下，开始制定详细的赋税制度，但同时耶律楚材还会根据农作物收成、灾荒年景等情况酌情处理。在发行纸币方面，耶律楚材提出要审慎对待，控制纸币的发行量是至关重要的。在成吉思汗、窝阔台时期大蒙古国已经开始设立驿站制度，针对驿站制度存在的一些弊端，耶律楚材也提供了一些很好的建议对其予以整顿。文化建设方面，耶律楚材极力主张恢复孔庙，重新确立儒学的地位，他曾亲自参加在燕京举行的宣圣庙祭祀典礼。为了进一步提高儒士的地位，能够使儒士在大蒙古国时期发挥治

元任仁发绘《横琴高士图轴》(局部)
原件现藏于台北故宫博物院

国理政的作用,耶律楚材进言主张:治理国家一定要重用儒臣,还要加强培养人才。耶律楚材建议采用考试的办法选拔人才,1238年举行了一次选拔考试,就是耶律楚材一力促成的,虽然这次仅仅是选拔士人而非科举考试,但也取得了良好的成效。

但是,秉持以儒治国理念的耶律楚材所推行的改革事业,必然与以聚敛财富为主要目的的回回人发生矛盾。回回人主要是指来自中亚西域一带的信奉伊斯兰教的一个群体。他们善于经商和理财,因而受到蒙古统治者的重用。蒙古统治者把经商放贷和征收统治区民众财富的权力交给了回回人,使得回回人趁机实施急功近利式的政治策略,成为压榨、盘剥百姓的一个特权阶层。耶律楚材治国理政方略中最主要的准则是藏富于民,保持社会稳定和百姓生活富足,以此达到富国强兵的目的,而这注定是一个漫长的过程,这与回回人不可避免要发生矛盾冲突。与耶律楚材发生矛盾比较尖锐的典型人物便是奥都剌合蛮等人,经过激烈的反复斗争,耶律楚材所主张的许多政策都未能够很好地贯彻执行下去,这是十分可惜的,也是时代的局限。

海都与乃颜之乱

海都与乃颜

海都,生于1235年,去世于1301年。他是大蒙古国窝阔台汗的孙子,是合失的儿子。当年阿里不哥与忽必烈争夺汗位的时候,他是坚决拥护和支持阿里不哥的。阿里不哥失败以后,他没有倒下,仍然在大蒙古国的天空之下纵横捭阖,不可一世。他统治着叶密立(今新疆额敏东南)一带,这一带原本是窝阔台和贵由汗的封地,他还在至元五年(1268)的时候发动了叛乱,并建立了窝阔台汗国,因此他成为窝阔台汗国的实际创立者。

乃颜也是一位著名的蒙古宗王,他是成吉思汗幼弟铁木哥斡赤斤的玄孙。当年,成吉思汗分封子弟的时候,分给他弟弟铁木哥斡赤斤特别多的百姓和土地,都归他管理,他的分地在蒙古的最东边,以哈剌哈河(今哈尔哈河)流域为中心,并不断地向哈剌温山(今大兴安岭)以东扩展,包括了今天的中国东北的辽东大部分地区。乃颜的祖父塔察儿曾经以东道诸王的首领率先拥戴忽必烈为汗,后来忽必烈又称帝并统一中国建立了伟业,塔察儿的正确决定使他受到了尊崇。如果他不支持忽必烈,很可能就会被杀掉。乃颜继承他的父亲阿木鲁继续成为斡赤斤封地的主人,享受着尊崇的待遇。按理说这种生活和地位也足够他享受的了,可是人心不足蛇吞象,为了心中无休止的政治野心,乃颜最终还是发动了一场惊天动地的叛乱。

一直以来,海都和乃颜的权力都非常大,在漠北草原和中亚地区都有很多的军队,并且在当地拥有很高的威望,可以说是一呼百应。公元1269年,西北地区的三个汗国钦察汗国、察合台汗国和海都的窝阔台汗国的主要领导们聚在一起开了个会。这个会议足足开了八天。大家按照蒙古人的习惯,前七天不谈政治,坐在一块唠家常、宴请喝酒。最后一天开会才谈论正事,大家达成协议,不再打仗,然后联合起来把在中原当蒙古大汗的忽必烈的势力赶出去。同时,大家约好了要一起进攻伊利汗国,并尊奉海都为这次行动的盟主。在这次会议上,这些大王都觉得忽必烈已经被中原的汉文化同化了。但是被汉化只是一个借口,实际上是因为忽必烈过多地为中原汉地着想,无意中伤害了这些留居漠北蒙古贵族的利益,因此他们要发动战争去打忽必烈。从此以后,这几个汗国就不好管了,一直让忽必烈非常头疼,但他始终无法战胜海都。

海都不断地在西北和中亚地区给忽必烈制造一些麻烦。成吉

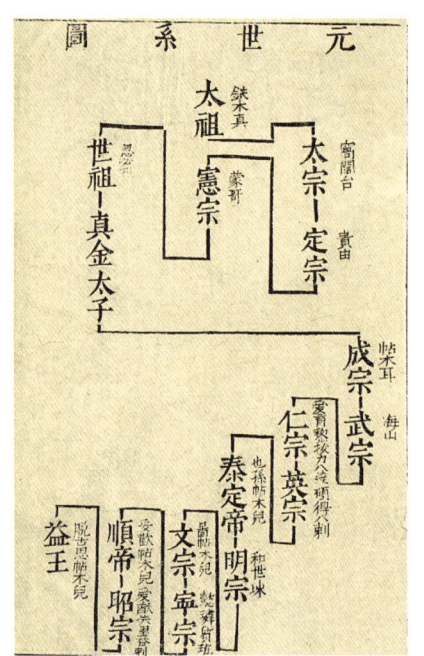

元世系图(截取自明代王圻编《三才图会》)

思汗曾经说过,只要窝阔台有一个吃奶的后代,都比其他人优先继承大汗,这也许是作为窝阔台后裔的海都不断地反对忽必烈的原因之一吧!

海都一向与钦察汗国的宗王们关系很好,钦察汗国是成吉思汗的大儿子术赤的封地。术赤的身世始终是一个历史谜团,因为成吉思汗的夫人孛儿帖曾经被蔑儿乞人抢走,后来成吉思汗又把孛儿帖抢了回来,结果不久就生下了术赤,这始终是成吉思汗的一个心病呀。因此,术赤长大成人以后,被成吉思汗分封在遥远的俄罗斯草原上,他们的后代世代居住在那里,离大蒙古国的中心很遥远。可是,这种情况时间一长,也会有一些不好的影响,那就是增加了离心力,与大蒙古国离得太远了,一年也见不着几次,时间长了术赤与蒙古帝国的关系就越来越疏远。而术赤和他的后代因为与海都他们接触比较多,反而与早有造反之心的海都关系更加密切。他之所以能在短短的几年中迅速崛起,与钦察汗国术赤这一支宗王们的支持是分不开的。

历代的野心家们想要造反,除了直接行刺皇帝以外,没有军队是不行的。海都作为一个蒙古人,更清楚这一点。因此,海都自从得到海押立这块封地开始,就偷偷摸摸地聚集军队以壮大自己的力量。另外,有了军队还不行,还要寻求志同道合的人,联合起来才好一块干大事。于是他一方面暗中偷偷地联系窝阔台一系的贵族们,把他们都笼络在以自己为首的统一的窝阔台家族政治势力之下。另一方面,他又结交术赤家族的那些贵族们,把钦察汗国作为他造反的外援力量,一旦打起来好得到他们帮忙。在这之后,他就一直等待时机,因为当时大蒙古国的政令特别统一,忽必烈大皇帝一声令下,八方都会来响应。所以海都一直想采取行动大干一场。不久,机会来了。公元1260年,忽必烈、阿里不哥兄弟之间爆发了争夺大汗之位的战争,这让海都从中看到了机会。

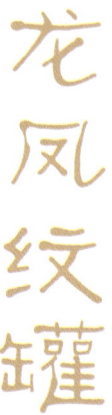

元代白地褐彩龙凤纹罐　文物现藏于菏泽市博物馆

公元1268年,海都正式发动叛乱,明目张胆地建立了窝阔台汗国。随后,联合昔里吉、乃颜等梦想成就大事的叛乱贵族一起侵扰西北地区,一个措手不及让忽必烈手忙脚乱,把本来准备去攻打南宋的伯颜率领的军队都调到北边来抵抗、平定叛乱。可是,海都采用游动的作战方式,飘忽不定,来无影去无踪,让忽必烈折腾了很多年都没法彻底剿灭他们。

直到1289年,海都又进攻哈剌和林城。这个城最早是大蒙古国的首都,是成吉思汗和他的儿子窝阔台两代大汗经营建成。忽必烈这次终于忍无可忍,于是他亲自率领着大军北上征讨。这一仗打得海都大败而归。忽必烈又先后派出伯颜、玉昔帖木儿等大

海都与乃颜之乱

将负责西北地区的军事,海都的势力被赶出了阿尔泰山以外。后来,忽必烈的孙子元成宗铁穆耳即位当了皇帝以后,就任命他的侄子海山管理漠北地区的军队,继续攻打海都。公元1301年,海都好几次都被战败,最终死于退军路上。公元1306年,海都的儿子察八儿率领军队归顺了元朝政府,至此持续了几十年的叛乱终于结束。

乃颜之乱

在海都叛乱期间,有一个人曾经积极地支持海都,还联合起来一块造反,这个人就是乃颜。乃颜这个人本来已经有很好的家世了,拥有的财产是其他贵族们都无法攀比的。可是他贪心不足,还要和元朝政府争夺辽东地区,而且矛盾越来越大。元朝政府早就看出乃颜要图谋不轨,因此皇帝和大臣们绞尽脑汁地想办法控制住他。公元1286年,元朝政府撤掉了辽东地区的几个小一点的行政机构,把辽东的地方行政机构升级为"东京等处行中书省"(治今辽宁沈阳市),这个机构相当于现在的一个省,只不过那个时候的范围涵盖了整个东北三省。本来元朝政府计划得好好的,却因为种种原因,这个东京行省没有坚持多久,不到半年就给撤销了,但是即使是这样,还是引起了乃颜的不满。建立行省,等于直接归属元朝中央政府管辖,而不再是蒙古贵族的封地,至少损失了一大笔赋税,这对蒙古贵族的打击很大,所以他们一定会极力反对。

公元1287年四月,乃颜联合成吉思汗的弟弟哈撒儿的后代势都儿、合赤温的后代哈丹秃鲁干等,在漠北起兵。这些叛军在北方草原大漠上东西冲突往来,搅乱了元朝的局势,造成社会不稳定,老百姓也流离失所。这时候,元朝正与海都在阿尔泰山一带打得火热,当时忽必烈非常担心,因为东边的叛军和西边的叛军如果同时从两边夹攻,然后再联合起来一块南下,那可就糟了! 不久之后,负责镇守漠北的北安王那木罕的部下土土哈从驻地东行,在土拉河打败了乃颜的军队,乃颜刚刚开始叛乱就遭受失败,可见做坏事也是挺倒霉的! 他们没有想到,更大的镇压还在后头。

大约与土土哈发兵向东进攻的同时,忽必烈也意识到乃颜的叛乱比较麻烦,可能会给自己的统治带来非常大的威胁,后果很严重。因此,忽必烈决定亲自征讨乃颜。在呼伦贝尔地区,元朝军队在这里先后与叛将黄海、塔不台、金家奴等作战。元军虽然在数量上比较少,但是忽必烈为了取得胜利,却乘着大象拉的战车来到战场前面,想用这种方式鼓舞士气,吓跑叛军。结果叛军不仅没有害怕,反而集中强弩、弓箭一起攻击大象战车,弄得忽必烈被迫下车撤退。到了晚上,元军偷偷带着火把突然袭击,叛军终于惊慌溃退。之后,元军继续向前推进,经过艰苦卓绝的战斗,终于打败了叛军,乃颜仓皇出逃,但很快就被抓住处死了。于是,这场元朝历史上最大的叛乱终于结束了。

元代驭车马陶俑组合　文物现藏于陕西考古博物馆

皇室平民、乱世才子：赵孟頫

赵孟頫原本是宋朝皇室的后人，身世不错，据说长得还很帅，写诗、作文、书法、绘画等等，就没有不精通的，要不怎么说是大才子呢！更绝的是他的妻子管道升，也是一位才高八斗的美女。然而，大才子赵孟頫的名声却并不怎么好，因为他作为宋朝皇室的后人，却不顾别人的闲话，乐颠颠地跑到元朝做了一辈子的官。

皇室后人

赵孟頫出生的时候，蜗居在江南的南宋王朝已经如同风雨中的残烛飘摇不定，很快就要覆亡了。赵孟頫十一岁的时候他的父亲就去世了，一切让这个南宋皇室的后人根本没有运气享受到什么作为皇族的甜头，而是过早地接受了生活的磨炼，早早地奋发图强，早早地声名在外。因此，他的名声是在文化圈，而不是皇室贵族圈！也可能正是因为受不了生活的困苦，多年以后这个大才子才不顾别人的非议，到元朝去寻找荣华富贵了。

元朝统一全中国之后，为了安抚人心，朝廷曾经派大臣程钜夫到盛产才子的江南地区寻找名人，请这些名人来到朝廷为统治者们效力。这时候有大臣对皇帝说，赵孟頫是宋朝皇室的后人，把这样的人留在身边,不太好吧?这可是养虎为患呀,一旦他打着南宋皇室的旗号造反怎么办呢?就算是要任用他,也千万不能让他官位太高,最好直接罢黜了才好!然而,元世祖忽必烈见到赵孟頫之后,因为看到这个人实在长得帅,用皇帝自己的话说就像是"神仙中人",谈吐也很儒雅,就立即对赵孟頫产生好感,让他坐在丞相叶李的上首。当然,因为他这个南宋皇族的身份,他的一切言行始终都在皇帝的掌握之中。当了官的赵孟頫为了保住性命,自然是为官勤勉、谦和谨慎、心系百姓。实际上,赵孟頫一生也没有得到一丁点儿实权。

当时,掌握朝廷大权的是丞相桑哥。他擅长理财,给元朝搜刮了很多财富,所以元世祖忽必烈很重视他,于是他的权力也越来越大。桑哥向忽必烈建议彻底清理天下的粮谷、钱财,然而他的这个决定给国家造成了很大的混乱,官员们趁机搜刮老百姓,搞得民不聊生。把很多人逼得都自杀了,还有的人实在没办法逃到山林里躲了起来。恰在这时候,又来了一场天灾,元朝首都大都城(今天

赵孟頫书《真草千字文》(局部)

的北京市）发生了严重的地震，死了很多老百姓。元世祖赶紧命人调查情况，但是朝中的官员们很害怕桑哥，所以都不敢说出真相。关键时刻，赵孟頫敢仗义执言吗？答案是：不敢。因为他身份特殊啊！但是作为集贤直学士，心中也确实忧虑百姓，不能不说。赵孟頫与一个叫作阿剌浑撒里的大臣平时关系还不错，就对他如此这般、这般如此……

于是，阿剌浑撒里上奏皇帝说："丞相桑哥建议整理天下的钱粮，本来是好意。可是凡事都得有个限度，目前这工作已经弄得老百姓死的死、逃的逃，再加上地震破坏，现在的百姓都在议论这天灾人祸，已经活不下去了！不如剩下那些还没有征收上来的钱粮就免了吧，那些流离失所的百姓们才能回到故土重建家园，这样不久之后全国才能恢复生产，减少灾情影响啊！"这一番话说得有理有据，忽必烈觉得很有道理，实际上这一番话都是赵孟頫的原话，不过借阿剌浑撒里之口说出来罢了！

然而这诏书发出来以后，丞相桑哥非常生气，认为这不是皇帝的意思，一定是哪个大臣指使的。于是赵孟頫有些害怕了，他私下找到了桑哥，进行了一番推心置腹的谈话："丞相大人啊！那些钱粮没有征收上来的家庭，死的死，逃的逃，勉强活着的也就剩一副皮囊啦！即使丞相想征收，又去哪里征收呢？如果不及时免除了老百姓这些负担，将来皇帝查问起来，如此多的钱粮没有及时征收上来，难道不正是尚书省办事不力吗？到时候丞相也会深受连累啊！"一席话听得桑哥出了一身冷汗，这番话虽然不好听，但是确实有道理啊！好吧，那也只好在皇帝明白过来之前，赶紧把这事了啦！百姓也就此获救了。从这件事我们可以看出，赵孟頫有着一

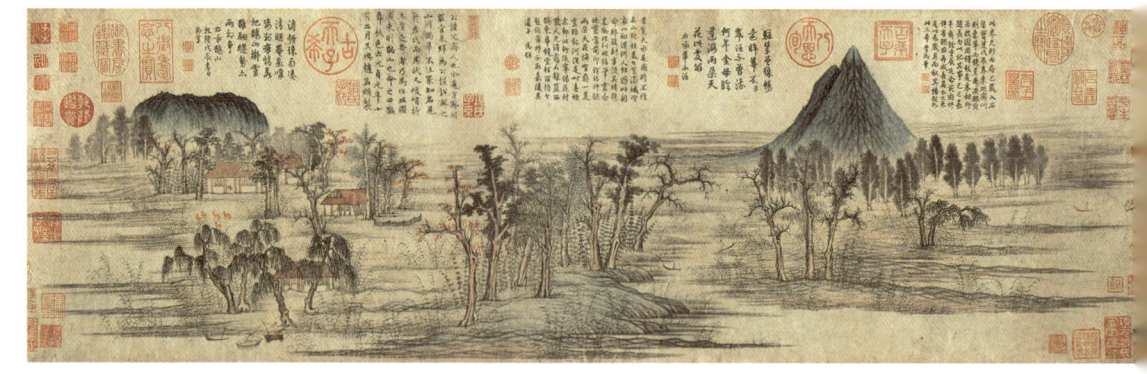

赵孟頫《鹊华秋色图卷》（局部）　原件现藏于台北故宫博物院

頫济世救民的善心，但也是文人，非常懂得在朝廷中谨小慎微，远祸避害，这也是赵孟頫能在朝中为官多年，还能够自我保全的原因。

虽然赵孟頫在当官从政方面小心翼翼，但他作为江南士人的代表，非常擅长诗词、书法和绘画等文学艺术，受到了元仁宗的喜欢，曾经说："擅长文学、能够留名青史的人里面，唐代有李白，宋代有苏轼，我们今天有赵孟頫！"

夫妻情笃

赵孟頫还有一个才貌双全的妻子，名叫管道升。他们夫妻二人都作诗、写文章、绘画、书法样样精通，夫妻感情还非常好。赵孟頫一生都没有再娶妾，这在古代是很难得的行为，因为古代男人三妻四妾是合法且合理的。这里还有一个关于赵孟頫纳妾的有趣故事。

话说已经五十多岁的赵孟頫看同事们都妻妾成群，觉得自己长得又帅，又有名气，也应该三妻四妾才对，于是他便想与妻子商量，也仿效他人，纳几个小妾。然而赵孟頫夫妇二人多年来相濡以沫、互为知己，赵孟頫不敢当面向管道升提出，于是做了一首小曲偷偷放在书房中。小曲写道：

> 我为学士，你做夫人。岂不闻，陶学士有桃叶、桃根，苏学士有朝云、暮云，我便多娶几个吴姬、越女，有何过分？你年纪已过四旬，只管占住玉堂春。

管道升是多么聪明的女子！夫君的意思再明白不过："你的年纪已经不小，容颜已经不比当年，人家以前的很多才子都有几个柔情似水的小妾，还能青史留名，也不辜负了风流才子的名号啊！我即便再娶小妾，你也还是正室正妻，应该无妨吧？"赵孟頫这小曲，虽然意思明白，语气中却也透着点怯意，毕竟是自己理亏啊！毕竟有多年夫妻情分，我们可以想到读到这首小词的管道升是什么心情：惊诧、失望，本以为夫妻情深，断不容他人插足，说好的一生相伴呢？说好的忠贞如一呢？却不想你竟然起了这样的念头！可是一哭二闹三上吊也不是她的风格。于是，管道升没有与自己最爱的夫君撕破脸皮，也作了一首情深意切的《我侬词》：

> 你侬我侬，忒煞情多，情多处，热如火。把一块泥，捻一个你，塑一个我。将咱两个，一齐打破，用水调和。再捻一个你，再塑一个我。我泥中有你，你泥中有我。与你生同一个衾，死同一个椁。

词的意思再明白不过了："你中有我、我中有你，生同衾死同椁的情谊，哪里有空隙加入一个小妾！"我们说管道升柔情似水，然而以柔克刚向来是聪慧女子最得心应手的工具。赵孟頫看了相濡以沫的妻子情真意切、发自肺腑的倾诉,多年来夫妻情浓瞬间涌上心头,对自己的想法惭愧不已,对发妻的爱更加浓烈,哪里还会再起纳妾的念头!而夫妻俩这段你来我往的曲词,也成为千古佳话,为后人乐道。

公元1318年,管道升在大都城生病,在朝廷如履薄冰的赵孟頫疼惜跟自己颠簸一生的爱妻,再也不愿意留恋官场,于是坚决要求辞官。然而不幸的是,管道升终于未能回到江南,第二年就在他们离京返乡的旅途中去世了。三年后,赵孟頫也在故乡去世。身为南宋皇族的赵孟頫虽然背负着"变节"的罪名,却也用政治生涯提升了自己的艺术声誉,让他的"赵体"流传千古。孰多孰少,谁又能说得清呢!

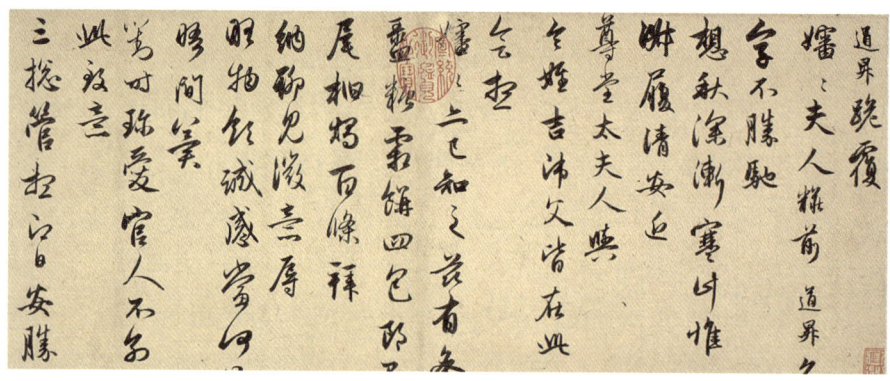

元管道升书《秋深帖》 原件现藏于故宫博物院

兄弟礼让还是实力较量：武仁授受

历代王朝的皇子、贵族都会对皇位开展各种各样的争夺，而元朝更是不例外，甚至是有过之而无不及，把争权夺位的斗争发展到了极致，既有充满血腥的宫廷杀戮，也有弥散着战火硝烟的战争。

海山即位

大德九年（1305），元成宗铁穆耳得了重病，他担心自己命不长久，这人总是要死的呀，可是帝位不能空下，因此在病重之际他册立了自己的独生子德寿为皇太子，可没承想这唯一的独子命不好，刚过半年就一命呜呼了。结果本来顺理成章的事，现在又出现了继承者空缺的局面。大德十一年（1307）正月，元成宗终于撑不住了，卧床不起，不久与世长辞。他一死，元朝统治集团内部很快就发生了争夺帝位的冲突。当时有很多非常有实力的蒙古贵族王公分布在大漠草原各地。其中，贵族之中以皇侄怀宁王海山最有实力，他长期坐镇大蒙古国的龙兴之地、窝阔台汗时期建立的最早的都城——哈剌和林城一带，手里掌握着大量的军队，而且他还是支系最近的皇族，从血缘关系上来说，跟成宗和他那早夭的儿子关系最近，这血缘一近，难免惦记这个皇位。

但是，有觊觎者就必然有反对者，因为这皇位恐怕是中国古代传统社会中最吸引人、最令人垂涎的好东西了，谁不想要？而这觊觎者和反对者中自然也不乏女流之辈，在游牧特色鲜明的蒙古族里，这种争夺皇位的"伟大"事业照样是火热地进行着。对怀宁王海山继承皇位反对最为激烈的就是元成宗的皇后伯要真氏。她显然是一个权力欲很强的女人，在中书左丞相阿忽台，平章八都马辛、赛典赤伯颜，诸王阿南达、明理铁木尔等一帮大臣们的帮助下，伯要真氏打算阻止海山南下争夺皇位，因为她想垂帘听政，在当时这种形式叫作"称制"，这可能是效法当年的蒙古王妃乃马真氏称制吧？同时，还要拥立忽必烈第三子忙哥剌之子安西王阿南达辅政，进而再推举阿南达为皇帝。这个阿南达当时镇守河西，拥兵15万，势力也是不小。

元成宗像

于是，丞相阿忽台召集大臣商议皇后伯要真氏和阿南达摄政的事，本来以为这么庞大的一个势力集团，干这件事应该没啥问题，结果却遭到太常卿田忠良、御史中丞相何玮等人的激烈反对，最终未能通过。中书右丞相哈剌哈孙也反对这一做法，由于元代崇尚右边，因此右丞相的权力要大于左丞相，所以右丞相实际上相当于第一丞相。皇后一日连下数旨,要求实施自己的这个施政计划,但是哈剌哈孙要么就阳奉阴违,不去执行,要么就置之不理,愣不给办。与此同时,哈剌哈孙还派康里脱脱迅速返回漠北,向怀宁王海山报告,要求他快速率军返回大都城(今北京市,元代都城之一)来争夺皇位,再派人去怀州(今河南沁阳)通知海山的母亲弘吉剌氏和海山的弟弟爱育黎拔力八达,要他们快速返回大都城。这个弘吉剌氏母子的政治嗅觉是非常敏锐的,看到了那荣耀的皇帝之位在向他们招手,于是迅速收拾行装,很快就赶到了大都。阿南达等人本来计划于三月三日发动政变,结果被爱育黎拔力八达、哈剌哈孙等探听到了消息,于是他们决定提前动手,在三月二日率领卫士入宫,杀掉了丞相阿忽台等人。爱育黎拔力八达以监国的名义执政,然后通知海山赶紧前来即皇帝位。五月初二日,海山兄弟、弘吉剌氏在上都(今内蒙古锡林郭勒盟正蓝旗北,元代时为都城之一)召集宗室诸王会议,决议废黜成宗皇后伯要真氏,把她赶出了宫廷,让她去东安州(今河北安次西)居住,不久又找了个理由把她残忍地赐死。然后他们又处死了阿南达、明理铁木尔等人,这样阻碍海山这哥俩执掌大权的势力都被铲除了。二十一日,海山即皇帝位,是为元武宗,蒙古语称他为曲律皇帝。

爱育黎拔力八达继位

元武宗海山即皇帝位的时候,是依靠杀了不少大臣才铺平道路的,这就造成中书省(相当于今天的国务院,英国的内阁)里面没多少人了,大臣们有的死了有的被罢免了,为之一空。中书省没人,国家机构不能运转。武宗便任命知院朵儿朵海为太傅,右丞相哈剌哈孙为太保,并参与管理军国重事。任命塔剌海为中书左丞相,床兀儿、阿沙布华、明里布华等人为中书平章,以床兀儿兼任知枢密院事,塔思布华、康里脱脱为御史大夫,把元成宗铁穆耳时期的那些大臣们都给换掉了,任用了帮助自己镇守哈剌和林城的那些官员们,正所谓"一朝天子一朝臣"嘛!

海山之所以能够继承皇位,与他的弟弟爱育黎拔力八达的大力支持和帮助有重大关系,他弟弟可是出了大力的。因此,海山为了表达感激之情,于当年的六月初一日,封皇弟爱育黎拔力八达为皇太子。

元武宗像

这里面有一点需要给读者们解释的,就是海山立弟弟爱育黎拔力八达为"皇太子",可能有人觉得奇怪,按照中原传统王朝的皇帝继承制度来说,皇太子一般指的不是皇帝的儿子吗?这哥哥怎么能立弟弟为皇太子呢?要有称呼也得叫皇太弟呀。这就是出身于草原游牧社会的蒙古族统治中国时期出现的一个奇怪的政治用语。蒙古人进入中原以后,要建立中原王朝,就要按照中原汉族王朝的制度来统治,包括学习中原的汉语汉字和官制,而中原历代王朝的皇位继承制度主要是父子相传,继承皇位的儿子都被称为太子、皇太子,蒙古统治者并没有深刻理解这种制度，便误以为只要是继承皇位的人都要叫作"皇太子"，可是按照北方游牧民族的传统，不仅仅只有"父死子继"这种传统，也有"兄终弟及"或者是远亲来继承的情况。中原汉人实际也是如此，比如北宋太祖赵匡胤的继任者不就是他的弟弟赵光义嘛！因此，他们将所有要继承皇位的所谓的储君一概称之为皇太子，所以把原本是皇帝儿子专称的"皇太子"硬是变成了一个特定的职位，这也是元朝的独特之处，后来建立清朝的满洲贵族皇太极这个名字，其实就是"皇太子"这个发音。

后来，海山又前前后后给爱育黎拔力八达设置了官署、兵卫等一系列高端配置，还让他负责中书省、枢密院的工作，给他提供了至高的权力和荣誉，还和他做了个约定，"兄终弟及，叔侄相传"，意思就是哥哥当完皇帝，弟弟接着当；叔叔当完皇帝，侄子来当，具体来说其实就是等海山当完皇帝就让给他弟弟爱育黎拔力八达，等爱育黎拔力八达当完了皇帝，再让给海山的儿子当，然后再让爱育黎拔力八达的孙子当……可是，真的只是兄弟之间的礼让和恩情吗？实际上不仅仅是这样的。因为在这次政变当中，爱育黎拔力八达表现了很强大的实力，其实他在朝廷大臣们的心目中拥有非常强大的影响力。他自己也确实势力很大，否则不会轻而易举地就能够铲除掉皇后伯要真氏和她的同伙们。要知道，皇后和左丞相这些人也不是吃素的。爱育黎拔力八达如此轻易地就能够帮助海山登上了皇位，说明他是绝对不被人小看的，而且海山也是很明白这一点的。因此，这个皇位将来必须由他的弟弟继承，而不能传给自己的儿子，否则自己的儿子下场可能会很惨。

至大四年（1311）正月，元武宗海山去世了。五月，爱育黎拔力八达按照约定,顺利地即位于大都城,是为元仁宗。于是,有些史籍便将武宗和仁宗兄弟的相继统治,称作武仁授受。

元仁宗爱育黎拔力八达是一位很有儒家文化涵养的皇帝,刚刚即位就开始着手改革朝政和吏治,例如禁止在皇帝身边伺候的内臣们整天乱传圣旨,帮助蒙古贵族们管理分封地的达鲁花赤(相

元刘贯道绘《元世祖出猎图》(局部) 原件现藏于台北故宫博物院

当于现在的党委书记)必须由朝廷中央派遣等等,这样就能加强皇帝对贵族们的管理了。仁宗做过的最重要最漂亮的事情,其实是恢复了自宋朝灭亡以后中断了几十年的科举考试制度,这是一个挺有作为的皇帝。

但是,元仁宗却对他的母后弘吉剌氏太听话了,说什么都信都

兄弟礼让还是实力较量：武仁授受

听，他还对那些贵族们很软弱，结果导致他的许多改革措施都没能明显见效和持续久远。延祐七年（1320）正月，元仁宗也病死了。三月，他的儿子硕德八剌即皇帝位，是为元英宗。咦，按照约定不是应该海山的儿子即位吗？是的，原本应该是这样。但是，爱育黎拔力八达没忍住权力的诱惑，最终破坏了与哥哥海山立下的约定，还是选择了自己的儿子继承帝位。按照约定，他的确应当将皇位传给海山的儿子，这才符合兄终弟及、叔侄相传的原则嘛！但是，亲不过儿子啊！谁又能舍得将自己辛苦得来的宝贵财富让给外人呢？结果，就是因为爱育黎拔力八达的这种私心，却给自己的儿子硕德八剌带来了灭顶之灾。

历史就是这样：循环往复，沧海桑田，谁都希望长长久久，却实难保证万世永昌。不过这是后话。

《元世祖出猎图》细部

元朝四都

公元 1206 年,成吉思汗建立了大蒙古国。1271 年,忽必烈改国号为"大元"。1279 年,元朝统一全国。1368 年,元朝被朱元璋建立的明朝灭亡,元朝统治者蒙古贵族向草原撤退。从 1206 年到 1368 年,整个蒙元王朝存在了一百六十多年,与汉唐宋相比,时间不算长,但是曾经建立过四座都城,分别是哈剌和林、上都、大都和中都,是中国历史上非常有特色的都城制度,以下我们分别对这四座都城予以介绍。

哈剌和林城

哈剌和林城,蒙古语写作 qaraqorum,大概是"黑色石头"的意思。这座城位于今天蒙古国中部后杭爱省杭爱山南麓,额尔浑河上游右岸的额尔德尼召旁边,距离现在蒙古国的首都乌兰巴托市西南 365 公里。哈剌和林城是大蒙古国的第一个首都,大蒙古国的四位大汗,即成吉思汗、窝阔台、贵由、蒙哥都是以哈剌和林为首都来管理国家。

哈剌和林还集合了蒙古贵族们从中欧、东欧、西亚、中亚、东亚、东北亚、南亚等各地抢掠得来的奇珍异宝和金银财富等等。由

蒙古国鄂尔浑河谷(Orkhon Valley) 在窝阔台修建哈剌和林城以前,大蒙古国的大汗和贵族就以这一带为中心展开活动,这一地区水草丰美,气候宜人。

于大蒙古国的强盛,哈剌和林城内的畜牧业、农业、商业、手工业、宗教、教育、科技和政治外交等各个方面都得到了很好的发展,成为大蒙古国的政治、经济、文化中心。公元1260年,忽必烈和阿里不哥争夺帝位的战争爆发以后,随着阿里不哥的失败,这座城市衰落为一个地区性中心城市,因为元朝国家的中心已经从这里南移到了中原汉地。

哈剌和林城南北长约四里,东西长约二里,大汗所居住的万安宫在城的西南方,有宫墙环绕,周长约二里。由于大蒙古国的强盛,哈剌和林成为当时世界的著名城市之一,各国的国王、使臣、教士、商人来这里访问的非常多。哈剌和林城以及城内的宫殿结合了中原汉族的建筑风格和北方游牧民族的建筑风格,因为既有汉族的工匠前来修筑,也有中亚地区的回回人给作设计。城里面有十字大街，有店铺，还有一些手工业的作坊等等。

哈剌和林城内比较著名的建筑有带有护墙、建造有64根圆柱的窝阔台汗万安宫和觐见大厅，上面建造着有天使像的"银树"，还有各种寺院、教堂等，这些都是金朝人刘敏、巴黎的工匠威廉师傅等建筑师的作品。从文献记载和考古资料，我们都可以看到当时哈剌和林建筑的巍然壮观和建筑科学的卓越成就。

上都城

上都城是元朝的第二座都城，为忽必烈所建立，位于内蒙古锡林郭勒盟正蓝旗东25公里，现为古城遗址。上都城被认为是中原农耕文化与草原游牧文化高度结合的产物，元上都遗址已经于2012年被联合国教科文组织列入《世界遗产名录》，现在是世界知名的世界文化遗产。

我们在"雄才大略终成帝业的大汗：忽必烈"一节中讲述过，忽必烈受他的哥哥蒙哥汗的命令，在漠南地区镇守，忽必烈在这里逐渐站稳脚跟，势力越来越大。上都城是刘秉忠选址建造的。后来，忽必烈就在这里即皇帝位，建大元国号，开始了元朝的时代。

元上都地理位置非常适中，正好处在中原农耕地区和北方草原地区的中间，交通和战略位置都很关键。忽必烈在这里可以对北方草原进行控制，还可以更好地管理中原汉地，与燕山以南的大都城形成呼应，可谓是一举两得。元朝的前几位皇帝包括世祖忽必烈、成宗铁穆耳、武宗海山等都在上都城即位。元朝中期以来发生的很多宫廷斗争、流血冲突都和上都城有关，其中"武仁授受"本书也都有专门的讲述，读者可以参看，这些都证明了上都城极其重要的政治、军事地位。

元朝四都

上都城由外城、皇城、宫城和外苑部分组成。宫城有御天门，相当于现在北京天安门这个位置，是核心区。城内最中心的位置叫作大安阁，相当于现在北京城的故宫，这个大安阁是元世祖忽必烈把北宋都城汴梁（开封），也是后来金朝的南京城里面的熙春阁的建筑材料拆除运送到这里，建造而成的。上都城的外城北部是非常有特色的地方，是皇家猎场和皇帝贵族们的金顶大帐"棕毛殿"所在地。这是蒙古族传统建筑，是草原上游牧生活时使用的毡帐，蒙古族住到城市里面以后，还是喜欢把毡帐放在城里，于是就有了这么一个地方供蒙古皇帝居住。上都地区元朝时商贾工匠云集，繁荣兴盛，不但有从中原来的商人，也有从中亚和欧洲来的商人，他们促进了以元上都为中心的蒙古地区的经济繁荣。上都城

元上都遗址

在元朝末年的农民大起义中被烧毁,后来逐渐衰落,成了一片废墟。

元朝实行两都巡幸制度,意思就是把上都城和大都城均作为首都,每年的夏历二、三月至八、九月间,皇帝都要率领重要的大臣去上都城避暑和处理政务,其他时间在大都城。同时,大都和上都都有首都所应该具备的行政机构,所有的机构都是两套,便于同时处理各项政务。所以说,上都与大都一样都是元朝时期的政治中心。接下来我们就介绍一下大都城。

大都城

大都城,突厥语称为"汗八里"(qanbalic),意思是"大汗居住的地方"。大都城址位于今天北京市区,现在还有元代大都城的城墙遗址。

大都城的地理条件很优越,这里群山环抱、地势险要,易守难攻;而且四通八达,水陆交通都很便利。大都城历史悠久,这里很早就是诸侯国的都城,后来成为北方地区重要的军事重镇,到了辽金的时候这里成为都城,成为统治中国北方的政治中心。于是,忽必烈也把这座城市当成元朝的两座都城之一。

公元1272年,忽必烈改称大都城,仍然由刘秉忠作为总设计师,营建了新的大都城。大都城内道路设计得整齐规范、结构分明,是中国古代都城的典范建筑。皇城以太液池为中心,四周布置三座宫殿,这是大都新城规划最有特色的地方,这种布局反映了蒙古人"逐水而居"的特点。元大都的城防体系包括城墙、城门、护城河。城墙是夯土筑成。共有十一座城门。每个城门的命名都与《周易》卦象有关。比如丽正门,就是《周易》中"日月丽乎天"引申出来的。

作为首都的大都城,与上都城一样也是全国的政治中心和文化中心,所以人来人往,商业经济十分繁荣。当时海运发达、河运(也叫漕运)通畅,为大都城提供了丰富商品。

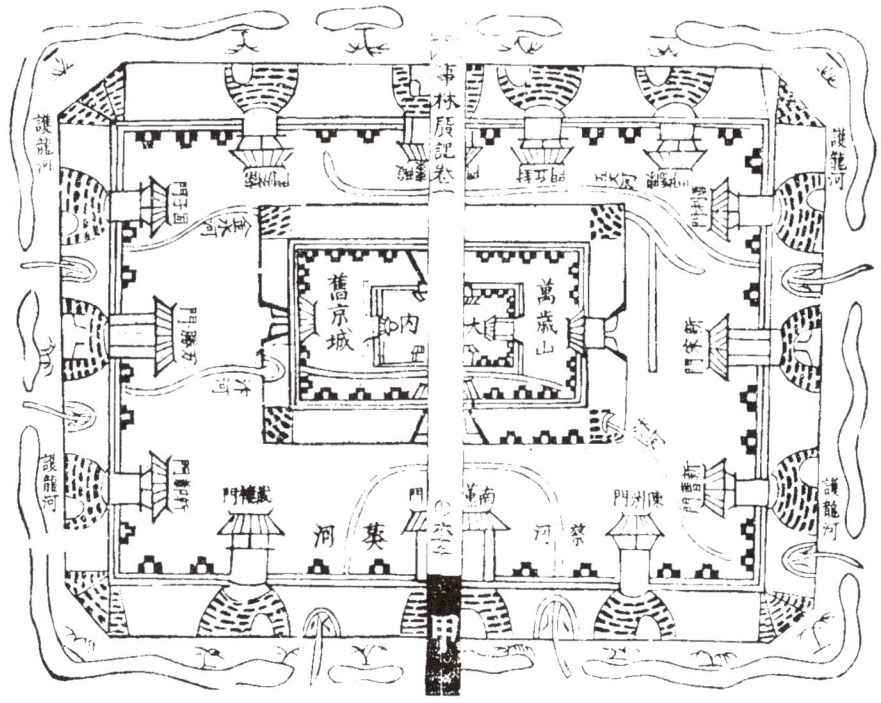

《事林广记》中保留的元大都布局图

大都建成以后,这里第一次成为全中国的政治、经济、文化中心,大都城(北京)的都城地位一经确立,历经明清两朝数百年而始终没有变,并且一直延续到今天。而且这个大都城,是我国历史上第一个少数民族入主中原、统一全国所建立的都城。大都城的兴建,也标志着少数民族在中国历史发展过程中起到越来越重要的作用,同时也促进了少数民族和汉族的高度融合。

公元1368年,明朝开国皇帝朱元璋派遣徐达、常遇春率军北征,攻进大都,元朝皇帝逃出大都,北撤草原。明朝在成祖朱棣的时候,迁都北京作为明朝的首都。此后,历代政权都把北京作为首都,明朝、清朝均是如此,中华民国还有一段北京政府时期,到了今天我们中华人民共和国更是将北京作为首都。

中都城

在元朝中期的时候,还有过一个中都城,是元武宗海山新建的一个城市,这座城的遗址位于河北省张北县馒头营乡白城子村,始建于元朝大德十一年(1307),但是中都城最终并未彻底修建完成。

元武宗海山是忽必烈的曾孙,他最初奉命以宗王的身份镇守漠北,战功赫赫。后来在宫廷斗争的过程中,海山成功即皇帝位,即位以后海山就开始修建中都城。可是他为什么放着好好的大都和中都两座首都不用,非要新建一个呢?

海山长期生活在漠北,他身边多数都是蒙古人和色目人,所以他是典型的草原游牧生活的贵族。他不喜欢汉化,对大都城不怎么感兴趣。另外,海山的这个皇帝宝座是经过宫廷斗争得到的,他不想再与上都城和草原上的那些贵族有太多的纠葛矛盾,所以也不想总待在上都城。加之海山这个人比较好大喜功,所以他要新建一个都城以供自己居住。中都城的这个位置正好位于大都和上都城的中间,不远不近,既可以远离两个首都,也可以起到两个首都的作用。

但是,在平地上建一座新城在当时还是很困难的,武宗一面处理朝政一面还要督促建城,赶工期赶得很厉害,后来武宗的一些行政改革措施失败,宫廷和朝政比较不顺利,因此他大兴土木、劳民伤财地建新首都的工程也遭到抵制。没过几年,海山病死,他的中都城也没彻底建完,就中止了。

从现存的遗址来看,中都城是有内、中、外依次相套的三重城组成,即外城、皇城、宫城。宫室建筑按中轴线布局设计,主体宫殿群位于内城的中北部。元中都这个介于元大都与草原之间的都城,兼具草原文化和中原传统双重特色。元中都城内像中原地区一样,宫城建设以通过南、北门的轴线对称分布,同时还保留着可放置蒙古族传统毡帐的空地。

海山的弟弟爱育黎拔力八达即位以后,改变了海山的许多做法,主要就是罢免了中都城。但是,中都城的宫殿建筑仍然存在,后代的皇帝们有时候也会到这里休息一下。后来,中都城被元末起义军红巾军烧毁,只留下了城墙遗迹。

元中都遗址,位于今河北省张家口市张北县境内

元代的科学家：
任仁发、郭守敬与都实

水利学家、画家任仁发

元代的任仁发,既是一位优秀的画家,又是一位杰出的水利专家,用我们今天的眼光来看,水利学家和画家是分属于理工科和文科的两种完全不同的身份,但对于任仁发却集于一身了。

首先来说,任仁发这个人特别擅长书法和绘画,尤其值得一提的是他的绘画才能。对于绘制人物、花鸟等形象,他都不在话下。但是,他最擅长的还是画马。任仁发曾经奉旨画《二马图》。这个《二马图》既有很高的艺术价值,还有很深刻的寓意。他画了一肥一瘦两匹马,任仁发就是借用这两匹一肥一瘦的马来评论官场的得失利弊。他将画中的肥马,比喻成为官不正的贪官,他们吸食民脂民膏,故而肥壮;又将画中的瘦马,比喻为廉明勤政的清官,因为忙于政务而累得皮毛剥落,骨瘦如柴。如果仔细观察就会发现,任仁发在画中还安排了一个不大为人注意的细节,那就是那匹肥马马首挽着笼头,但是缰绳却是松开的,拖在地上;而瘦马不但有笼头,缰绳还套在马脖子上。也就是说,一匹是没有约束的脱缰之马,失去了控制,就会无法无天,鱼肉百姓而肥己;而另一匹是有约束的拴着缰绳的马,有了管束才能尽心尽力,克勤克俭。在这个细节上任仁发似乎又进一步地阐述了自己对于官吏管理的一些看法,可谓是用心良苦。

任仁发除了是一位画家以外,还有另外一个身份——水利专家。他曾经先后主持修治浙西的吴淞江、大都(今北京)的通惠河等工程,并且还有水利工程方面的著作《水利集》传世,在中国水利史上做出过有益的贡献。

任仁发绘《二马图》 原件现藏于故宫博物院

治水可以说是任仁发一生主要的功绩。18岁时,他去见元代苏州宣慰使游显,被授予宣慰司掾这么一个不大不小的官职,还被任命为青龙镇水运逻官。后来,他因功由海道副千户升为海道正千户,再迁为海道上千户,他主要负责江苏太仓到直沽的南北漕运工作,也就是从南方江浙一带把物资、财富运到北方元朝的首都大都城,所走的路线是著名的京杭大运河,这就是元代的漕运。元代中期的时候,任仁发还主持过太湖流域、黄河、运河的治理工作,对太湖流域的治理是他一生中最为辉煌的成就。以太湖为中心的浙西地区是宋以来国家最重要的粮食产区之一,素有国家粮仓的美称。然而,宋元以来,浙西地区水灾频发,这不仅给这一地区的农业生产造成了重大的损失,也直接影响到整个国家的粮食供给。所以,治理浙西水患刻不容缓,诸多大臣都上书皇帝要求治理水患,任仁发也曾经提建议要治理吴淞江,但是没有引起元朝政府足够的重视。直到大德(1297—1307)年间,浙西地区再次遭遇了百年不遇的大洪水,这才引起了政府的注意。大德二年(1298),元朝政府成立了都水庸田使司。大德八年,再设立行都水监,专门负责浙西地区的水利事宜。同年,元朝开始疏浚吴淞江,任仁发被任命为都水监丞,是这次治理工程最主要的负责人。

但是疏浚工程进展得并不顺利,遭到了极大的阻力,工程半途而废。任仁发也被调离,主持了其他的水利工程,并因功升任都水少监。延祐年间,任仁发回到浙西,调筑盐官州海塘和疏浚镇江练湖淤积。直至任仁发已是七十岁高龄的时候,他才又得以继续年轻时疏浚吴淞江的梦想。泰定元年(1327),朝廷委任任仁发主持疏浚武松二道,大盈、乌泥二河工程,三年后,任仁发就去世了。虽然这一工程前后进展得并不顺利,但是任仁发对治理这一区域的水患有着自己独到的想法。他认为,治理太湖水利的重点是治理吴淞江,因为吴淞江是太湖排水的最重要的渠道。任仁发从疏浚吴淞江来治理太湖水灾的思想是元朝治理太湖的主流观点。对于如何治理吴淞江,任仁发沿袭了宋代治理太湖的一套理论和方法,提出三点治理方针:一是开江河以泄水;二是筑堤岸以障水;三是置锸窦以限水。他认为治理太湖地区的水灾,必须三者并举。尽管任仁发的治水方针并没有完全得到元朝水利专家的认同,但是他主持的一系列治水工程在当时还是相当有成效的。任仁发治理浙西水利的思想主要保存于他的水利著作《水利集》中,这部著作为我们保存了元代太湖水利的珍贵资料,使我们对元代太湖水利及其治理情况有所了解,有着很高的史料价值。

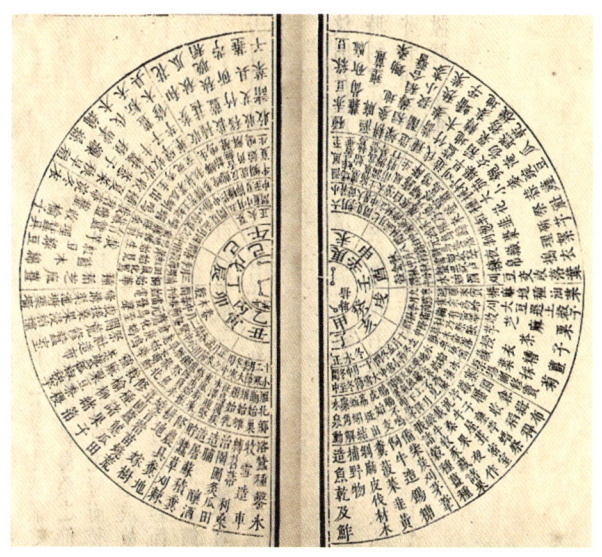

王祯《农书》中的《授时之图》

任仁发不仅为我们留下了珍贵的画卷,他的治水思想及著作《水利集》更是我们今天进行历史研究的重要来源。

郭守敬与"四海测量"

古代中国是一个地地道道的农业社会,历代统治者都十分重视农业的发展。农业离不开历法,只有精确合理科学的历法,才能够让农民知道节气,知道何时播种、何时插秧、何时秋收,这样才能使农业收成有保证。元朝当然也不例外,元世祖忽必烈登基不久就下令编制新历法。为了使新的历法更加准确,由当时的天文科技学家郭守敬组织在全国范围内进行了一次大规模的天文测量，这次测量被后人称为"四海测量"。于是，元朝政府派出了14个监候官，在东起朝鲜半岛，西至川滇（今四川、云南一带）和河西走廊（今甘肃、宁夏一带），北到西伯利亚（今俄罗斯东部地区）的广阔土地上，设立了27个天文观测点进行测量工作。

郭守敬作为这次测量的主要技术负责人，他从上都城（今锡林郭勒盟正蓝旗东20里上都古城）、大都城（今北京市）开始，向南穿越大半个中国直到南海，跋涉数千里，亲自参加了这一路的重要测验，现在著名的洛阳告成观星台（位于河南省登封城东南15千米的告成镇北）就是这时兴建的，这是中国现存最古老的天文台。在测量准备工作中，郭守敬改造、重新设计了很多种天文仪器，包括简仪、高表、候极仪、浑天象、玲珑仪、仰仪、立运仪、证理仪、景符、窥几、日月食仪、星暑定时仪等等，为中国古代的天文事业做出了巨大的贡献。郭守敬这次四海测验的27个测验点，测量获得的数据，经过天文学的验证，与今天的很多数值都相差不大，可以想见在将近一千年以前，就能够拥有如此先进的技术了。郭守敬根据测量结果，并参考大量天文资料和历法，终于编制了新历法《授时历》。

郭守敬主持的这次"四海测量"，测量内容多，涉及地域广，精度高，规模大，在我国历史上乃至世界天文史上都是空前的，比西方进行同样的大地测量早了620年。

此外，郭守敬还主持修筑了上都城外的防洪排水设施——铁幡竿渠，现在仍然还有遗迹。铁幡竿渠是为了防御上都城北面高山流下来的洪水，将其阻挡并分流在城外，保护城墙不被冲毁，取

铁幡竿渠遗址,位于元上都城西

得了良好的效果。

都实的黄河源考察

都实是元朝初年杰出的少数民族地理探险家,他最大的贡献就是探查了黄河的源头。都实是女真族的蒲察氏人,我们知道女真人建立的政权是金朝,立国在中国的北方,后来与南宋长期对峙,但是最后被南下的蒙古所灭。女真人失去了统治权以后,就成为大蒙古国和后来的元朝统治之下的一个普通民族,后来女真人逐渐地与北方汉人、蒙古人等融合在一起,消失在历史的长河之中。

作为一个长期生活在多民族交融的中国北方地区的女真人,都实与各种民族的人交流往来,因此他精通多种民族的语言,比如藏语、蒙古语,汉语当然更不在话下。都实虽然是女真人,但是他从小受到了很好的汉文化教育,掌握了很多知识。他对地理非常感兴趣,立志要去考察黄河。他曾三次到西南吐蕃(今青藏高原)

等地，奉命去探测黄河的源头。这次考察取得了重要成果，在中国地理学史上占有重要地位。

黄河是中华民族的母亲河，呈东—西走向流经了大半个中国。现在我们知道，黄河发源于青海省巴颜喀拉山北麓各姿各雅山下的卡日曲河谷和约古宗列盆地一带。2008年经过我国组织的三江源头科学考察队考察后，按照国际上河流正源确定的三个标准，即"河源唯长、流量唯大、与主流方向一致"的标准，同时综合其他因素，将黄河源头定为卡日曲（青海省果洛藏族自治州玛多县一带）。今人凭借现代化设备仪器和科学技术，尚经过很长一段时间，反复考察和论证，才找到并最终确定黄河源头。从这一点来看，古人的科学探考活动就显得更为难得了，而且古人的科研成果，也为今人提供了极好的经验和认识基础。

公元1254年，蒙古军队进入吐蕃，基本上控制了吐蕃地区。之后，元朝又将吐蕃划归掌管全国佛教事务的机构总制院（后改名宣政院）管辖，成为元朝疆域的一部分。到了忽必烈时期，元朝政府为了进一步加强对全国的控制和获得黄河上游及黄河河源地区的物产，以及同西南地区人民互市，客观上需要了解黄河上游及黄河源地区的地理情况和交通情况。1280年，忽必烈派遣都实和他的弟弟阔阔出去考察黄河源头地区，探查那里的地理情况，并找到黄河源头。当年四月，都实与阔阔出从河州（今甘肃临夏东北一带）出发，一路沿着黄河向上走，历经四五千里，跋山涉水终于抵达了黄河河源一带，并且探得火敦脑儿（星宿海）为河源核心区。同时他还看到，顺着星宿海向东行走，又有河流并入，水流逐渐变大，并汇合成为黄河。在当代科学考察黄河河源行动之前，中国历史上第一位专门去探查黄河河源的专使就是都实。当时他认为,黄河的正源就是蒙古语称为"火敦脑儿"的星宿海,他还对当地的地形、水系、植被、动物、人口等情况作了记录,并绘制了有河源的地理位置图。

第二年年初,都实返回大都城以后,向朝廷奏报了探寻黄河河源的经过,并将地图献给忽必烈。延祐二年(1315),都实的弟弟阔阔出将他们考察的经过告诉了翰林学士潘昂霄。当年八月,潘昂霄将都实探求河源的经过著成了《河源记》,都实的这次探险成果被后来的元代著名地理学家朱思本的《舆地图》所吸收,至此我国第一次对黄河源的考察成果得以流传后世。人们对黄河之源有了进一步的认识,这也为以后勘探开发河源奠定了基础。元明之际的文人陶宗仪在他所著的《南村辍耕录》中收录了《河源记》并附有一张《黄河源图》。这张地图的画法与《河源记》所记述的内容完全一致,推测很可能是出于都实等人之手,或者是别人根据《河源记》的记载绘制而成,这是目前传世的最早的黄河源头地区的地理图。

都实的这次黄河河源考察,不仅第一次明确了黄河河源地区的主要支流和水文特征,还在指出星宿海是河源的同时,提到一条由西南往东北流经百余里的支流,最后汇入火敦脑儿(星宿海),据推测,这条支流很可能就是现在星宿海西南的卡日曲。这说明都实的考察已经注意到了被定为黄河源头的河流,这充分展示了都实的能力,他为我们后人正确认识黄河源头奠定了坚实的基础。

宋元大事年表

公历	重要事件
960	陈桥兵变,赵匡胤黄袍加身,北宋建立。
961	杯酒释兵权。
986	宋辽战争,"老令公"杨业被俘自尽。
1004	宋辽达成"澶渊之盟"。
1024	世界上最早的纸币"交子"在四川发行。
1038	党项族首领李元昊称帝,建立夏政权,史称西夏。
1043	范仲淹主持"庆历新政"变法改革。
1047	毕昇发明活字印刷术。
1069	王安石主持熙丰变法。
1084	司马光《资治通鉴》完成。
1086	王安石、司马光先后去世,元祐更化。
1115	东北女真族首领完颜阿骨打建立金朝。
1119	宋江起义。
1120	宋金达成"海上之盟",联合灭辽。
1125	金灭辽,继而南侵北宋。
1127	金灭北宋,徽、钦二帝被掳至北方。康王赵构(高宗)即位称帝,史称南宋。
1129	苗刘之变,旋即失败,高宗复位。
1130	金将兀尤与宋将韩世忠作战,互有胜负。
1138	金宋议和,南宋臣服于金;南宋定都临安,秦桧专政。

(续表)

公历	重要事件
1140	岳家军郾城大捷,击败金将兀术。
1141	金宋绍兴和议,岳飞以"莫须有"罪名被杀。
1162	成吉思汗铁木真出生。
1164	金宋隆兴和议。
1175	朱熹、陆九渊"鹅湖之会"。
1197	庆元党禁。
1206	成吉思汗统一草原诸部,建立大蒙古国。南宋攻金的"开禧北伐"失败,议和。
1208	宋金嘉定和议。
1219	蒙古第一次西征中亚。
1227	蒙古灭西夏。
1234	宋蒙联军灭金。宋违约攻蒙,失败。
1235	蒙古第二次西征中亚,史称"长子西征"。
1241	朱熹等从祀孔庙,理学成为官方统治思想。
1252	蒙古第三次西征,史称"旭烈兀西征"。
1254	蒙古灭大理。
1259	蒙宋钓鱼城之战,大汗蒙哥去世。
1260	忽必烈称帝,建元中统。
1271	大蒙古国建国号为"大元"。
1273	襄樊之战结束,南宋失败。
1275	元军占领临安,南宋恭帝赵㬎降服并北上。文天祥勤王抗元。
1279	崖山海战,宋末帝投海自尽,南宋亡。
1307	武仁授受。
1323	南坡之变。
1328	天历之战。
1329	明文之争。
1340	脱脱更化。
1351	红巾军起义。
1368	元顺帝妥懽帖睦尔放弃大都(北京),退回漠北,元朝灭亡。

图书在版编目(CIP)数据

少年简读中国史. 宋元 / 尤东进，翟禹著. — 2 版
. — 南京：南京大学出版社，2024.6
　ISBN 978-7-305-26914-1

Ⅰ. ①少… Ⅱ. ①尤… ②翟… Ⅲ. ①中国历史－宋元时期－少年读物 Ⅳ. ①K209

中国国家版本馆 CIP 数据核字(2023)第 100796 号

出版发行	南京大学出版社
社　　址	南京市汉口路 22 号　　邮　编　210093
书　　名	**少年简读中国史·宋元**
	SHAONIAN JIANDU ZHONGGUOSHI · SONG-YUAN
著　　者	尤东进　翟禹
责任编辑	李晨远　　　　　　　编辑热线　025-83593963
项目策划	王静　王俊　　　　　装帧设计　陆思洋
摄　　影	王腾　陆思洋　　　　插　　画　蒋汉珺
照　　排	南京南琳图文制作有限公司
印　　刷	南京鸿图印务有限公司
开　　本	787 mm×1092 mm　1/16 开　印张 8.5　字数 91 千
版　　次	2024 年 6 月第 2 版　2024 年 6 月第 1 次印刷
	ISBN 978-7-305-26914-1
定　　价	29.80 元

网址：http://www.njupco.com
官方微博：http://weibo.com/njupco
官方微信号：njupress
销售咨询热线：(025) 83594756

* 版权所有，侵权必究
* 凡购买南大版图书，如有印装质量问题，请与所购图书销售部门联系调换